JN117767

大企業に負けない!
中小企業が地域で勝つ最強の戦略とルール

最強の地域No.1店のつくり方

石井建装 代表取締役
石井満久 Ishii Mitsuhisa

内外出版社

ブックデザイン　亀井英子
出版プロデュース　株式会社天才工場　吉田浩
編集協力　滝口雅志
　　　　　櫻庭由紀子
校正　　　小川かつ子

はじめに

本書を手に取ってくださった方の多くは、おそらく、会社経営をされていたり、あるいは、それに近い立場の仕事をされているのではないかと思います。

そしてまた、「なんとかしてもっと稼ぎたい」「近所のライバル会社に勝ちたい」「近所のお客様がどんどん来るお店にしたい」と考えているのではないか、とも想像しています。

そのような皆さんのために、自分の地域のお客様に愛され、さばききれないくらいの注文をいただき、しっかり利益も出せる「地域1番の会社」になるための方法をお伝えするのが、本書の目的です。

「なんだかすごそうなことを言っているけど……、そういうあなたは誰なの？」と言われそうですね。

申し遅れました。

石井満久《いしいみつひさ》と申します。

社員15人、茨城県内での塗装施工実績は5年連続で1位（＊）。1人で3億円の受注実績がある営業マンも在籍する会社である、株式会社石井建装。

そんな会社の代表取締役を務めています。

ここで、少し自己紹介をさせてください。

石井建装は、茨城県取手市を拠点として、千葉県我孫子市にも支店を持つ外壁塗装の会社です。

私が塗装に興味を持ったのは16歳のとき。

塗装職人だった7歳上の兄が、自宅の壁の塗り替えをやっている姿を見たことがきっかけでした。

塗料を塗っている兄は本当に楽しそうで、また、塗料を塗るたびにきれいに変化していく家を見ていて、私はワクワクしたのです。

「塗装職人は面白そうだな」と思っていたところ、兄に誘われてアルバイトとして塗

はじめに

装の世界に入り、21歳のときに独立。

そして、29歳で株式会社石井建装を設立と、足かけ20年以上、塗装一筋でやってきました。


その中で私が大切にしてきたのが「地域密着でお客様を第一に考えること」。

「お客様第一」を実践するための具体例をひとつ挙げるとすれば「高品質の工事をすること」です。

塗装は大切な家を守るもの。定期的に適切な塗り替えをしていかないと、壁に水が染み込んだり、害虫が発生したりして、家の劣化が進みます。

とはいえ、外壁塗装は決して安い金額ではありません。

そのため、安い見積もりを出す業者に発注するお客様が少なくありませんが、安価な工事を行った場合、後々トラブルになることが少なくないのです。

その理由は、安い見積もりでは「高品質の工事」は実現できないからです。

高品質の外壁塗装のためには、必要な分量の塗料を、決められた回数、時間をかけて塗る必要があります。

安い見積もりを出そうとしたら、塗料にかかるコストを下げたり、必要な時間をかけずに作業ペースを上げて、より多くの工事を受注するしかありません。

その結果、いわゆる「手抜き工事」になってしまい、お客様の期待は裏切られることになるのです。


私たちのお客様には、そのような失望をしてほしくありません。

そのために、私たちはすべてのコストを透明化して、適正かつ納得していただける金額で、誠実で高品質の工事に取り組んできました。

さらに、最長10年のアフターサービスもお付けして、大切な家を見守り続けます。

地域密着で仕事をするのであれば、お客様には安い料金で一時的に満足してもらうより、長い目で見て、しっかりとした信頼関係を築いた方がお互いにとってメリットになるはず。

そう考えて塗装業を続けてきた結果、塗装施工実績が、茨城県内で5年連続1位になれたのです。

石井建装は大きな会社ではありません。それでも、茨城県という地域でNo.1になれました。大企業でなくても、やり方が正しければ、しっかりと地域に根差して生きていけるのです。

「別に、地域で1番になれなくても、そこそこの規模でやっていければいいよ」という方もいらっしゃるかもしれません。

もちろん人の考え方はそれぞれですが、私はぜひ、1番店になることのメリットを知ってほしいと思います。

とかく、日本人は1番が好きです。

かつて、当時民主党の蓮舫議員が、世界一のスーパーコンピューターを実現するために研究を重ねている担当者に対して「2位じゃダメなんでしょうか？」と質問をして非難を浴びたことがありました。

また、2016年、リオデジャネイロ五輪の女子レスリング決勝で「霊長類最強女子」と呼ばれた吉田沙保里選手が負けたとき、本人が「銀メダルでごめんなさい」と涙して波紋を呼んだこともあります。

吉田選手は銀メダルで十分に立派だと思いますが、茨城県内の外壁塗装施工実績で5年連続1位の私には、「1番でなくなった気持ち」も痛いほどわかります。

世間の目が「1番」と「2番あるいはそれ以下」では全く違います。

実際、私のお店に塗装を注文するお客様も「お宅は茨城県で1番だから」とおっしゃいます。

これがもしも、2番手3番手だったら、きっとお客様の態度は違っていたことでしょう。「お宅は茨城県で3番だから」という理由で仕事は発注しないと思います。

「1番」はそれだけで注目される理由となり、2番以下は、順位では競うことができません。1番店であれば、お客様もこちらの話に真剣に耳を傾けてくださいます。

仕事において1番であることは、最強のアピールポイントであり、アドバンテージであり、強固な経営基盤になります。

だからこそ、地域で頑張る中小規模の会社は、「地域No.1」を目指すべきだと思うのです。

本書には「地域№1」になるためのノウハウがぎっしりと詰まっています。

いきなりすべてのことに取りかかる必要はありません。

気になるページをじっくり読んで、少しずつでも、いまの仕事への考え方、進め方を変えてみてください。

その小さな努力が、数年後には思いもよらない成果を生み出していることでしょう。


（＊）アステックペイント代理店（２０２２年12月時点で全国２６００店舗）内での実績。

目次

はじめに　003

第1章　小さくてもNo.1を取れば一生食べていける　017

『M－1グランプリ』には優勝かそれ以外かしかない　018
最初にやっただけでもナンバーワンになれる　021
オンリーワンとナンバーワンの違いとは何か？　024
ナンバーワンになれば人材不足も解消する　027
「儲からない下請けから脱却したい」がスタート　030

「自由が欲しい」が重要なモチベーションになる　034
「ランチェスター戦略」で自分のポジションを獲得する　037

第2章　地域No.1になるための最強のルールがある　041

最終的に生き残る会社は「お客様ファースト」が必須　042
商品の中身よりアフターメンテナンスで選ぶお客様　045
ムリな安値より値引きしない適正価格で信用を得る　048
地域のイベント・コミュニティには進んで参加する　051
ニーズに合った商品・サービスのラインナップを増やす　054
クレームに迅速・的確に対応する体制づくり　057
認知度を狙え！　地域には地域のPR方法がある　060
勝つためには地域の競合分析を徹底的に行う　063

第3章 住民への心遣いが大切！ 地域1番店の成功例 067

茨城県の人たちは子どもの誕生日に『メヒコ』に行く 068
取手市の住民の心と胃袋をつかんだ『やま忠』の心遣い 071
沖縄の『やっぱりステーキ』は『いきなり！』を超えた 074
北海道発の『セイコーマート』はコンビニ界の大泉洋 077
長野のスーパー『ツルヤ』には東京からもお客様が来る 080
ヘリポートがある市川市のゲームセンター『大慶園』 083
12万人の延岡市民に月3万食を売る『辛麺屋桝元』 086

第4章 日本一は無理だけど、茨城県1位は勝ち取れた！ 089

資格と丁寧な仕事こそ最大の営業ツールになる 090

「いかに安心して任せられるか」が9割 093
世界一、入社して良かったと思える会社をつくろう 096
勝てる場所で勝てる人脈を活かすことから始める 099
1、3、5、7、10年と細かい定期点検を付ける理由 102
どんなに小さな相談でも応えるのが地域1番店の使命 104
「お客様の喜ぶ顔を見たい」が原動力になる 106
お客様に愛される3条件は、挨拶・整理整頓・清潔 109

第5章 集客は口コミ、ポスティング、看板が効果大

113
商圏10万人以内は生の声の口コミ戦略が有効 114
新聞チラシにするか、直接のポスティングにするか？ 117
400万円の費用で1億5000万円の契約を獲得 120

リフォーム会社で売上No.1の女性は同じ家を2回訪問　123
立て看板の複数設置は「ザイアンス効果」を狙う　126
紹介制度の活性化にはわかりやすいメリットを　130
地域の人が集まる郵便局イベントが信頼の証しとなる　133
聞き上手になってお客様から「刺さる言葉」を知る　136
「みんな買ってくれています」というバンドワゴン効果　139
儲かっている会社は地元の店で買い物をする　142

第6章 小さい地域で圧倒的なシェアを取ってはいけない　145

地元で圧倒的に一人勝ちしてはいけない！　146
地域ナンバーワンは業界全体を強くする役割がある　149
大きなエリアを狙うと強敵にやっつけられる　152

ライバルの存在が業界と地域経済を盛り上げていく 155
「日本一の企業」のマネをしてはいけないこと 158
地域のキーパーソンを見極めてビジネスを広げる 161
お客様から信頼を得るために経営者がすべきこと 164

第7章 社員が成長するためのリーダーの条件とは？ 167

WBCでヌートバーは自分の仕事をやり遂げた 168
タイミングよく報告するだけでも褒める価値はある 172
得意なことをするから仕事が楽しくなり結果が出る 175
リーダーは「方法」ではなく目指す「結果」を教える 178
「地元を好きになる」から始める社員教育が大切 182
やるべきことはタスクとして「見える化」する 184

第8章 チャレンジしなければ1番にはなれない！

森山未來の誘いを断ってつかんだ自分の「未来」 188
チャレンジすることで新しい世界が見えてきた 192
「人々の暮らしを守っている」という誇りを持って働く 196
世代をつなぐ「家」を守るナンバーワンの責任 200
値引きさせたがるお客様が本当に求めていること 203
会社と社員のためには時間とお金を惜しまない 206
世界をワクワクで塗り替えよう！ 209

おわりに 212

第1章

小さくても No.1を取れば 一生 食べていける

『M-1グランプリ』には優勝かそれ以外かしかない

あまりの仕事の忙しさに、本来タレントを守るべきマネジャーが突如パンクしてしまう――。これは、2017年に『M-1グランプリ』で優勝したコンビ「とろサーモン」が実際に体験したことです。

お笑い芸人の頂点を決める『M-1グランプリ』。

ここで優勝するために、1年間すべてをかけてネタを磨き上げるという芸人もいるほど、彼らにとっては重要な大会です。

では、なぜ彼らはそこまでして、『M-1グランプリ』での優勝を目指すのでしょうか?

『M-1グランプリ』には、**「優勝か、それ以外か」**しかありません。

今や、国民的な関心事とも言える『M-1グランプリ』で優勝すれば、芸人としての実力が認められたという喜びはあると思いますが、それだけではありません。

一夜にして、売れっ子芸人のトップに立つことができます。

テレビCMの仕事も入ってきます。ドラマや映画の仕事も入ってくるかもしれません。仕事が安定的に入るようになり、生活も楽になります。


そんな夢のような未来が優勝者には待っています。

だからこそ芸人は、『M－1グランプリ』で優勝を目指すのです。

実際、２０２１年の優勝コンビ「錦鯉」の渡辺隆さんは、優勝直後から仕事が殺到して、毎日2時間くらいしか寝ていないとぼやきながらも、こんなことを話しています。


「(芸人になって）22年間、何の仕事もなかった。それがすべて来たと思って全部やりたい」

一方、優勝できなかった芸人たちはというと、当然ながら優勝者ほどには話題にならず、知名度もさほど上がらず、また、仕事が増えたとしても優勝者ほどではないでしょう。

『M－1グランプリ』ほど顕著ではないかもしれませんが、**「1位総取り」**のような状況はどの業界でもあり得ます。

1位であれば、それだけで人は覚えてくれます。その結果、多くのお客様に声をかけていただけるようになり、仕事も増えていきます。

人が人を呼び、仕事が仕事を呼ぶ。
そんな正のスパイラルが「1位」にはあります。

個人的には、パンクするほどまでに仕事を増やさなくても……と感じますが、『M－1グランプリ』の「天国と地獄」のような状況を見ると、地域No.1でいることの重要性を改めて意識しないではいられません。

地域No.1ルール

世の中には1番しか称賛されない世界がある。
1位と2位の距離は近くても永遠に追いつけない。

最初にやっただけでもナンバーワンになれる

一番になる方法は簡単です。誰よりも先に新しいことをすればいいだけです。他に誰もやっている人がいないのですから、その分野で絶対にナンバーワンになれます。もし誰かに真似されたとしても、**「元祖」として未来永劫《えいごう》、自分だけのブランド**です。

例えば私の会社では、**「感謝の手形」**というサービスをしています。塗装工事が終わったあと、ご依頼いただいたご家族の手に塗装材を塗って、壁に記念として手形を残す、ちょっとしたイベントです。全国規模で見ると他にもやっているかもしれませんが、茨城県内で私が知る範囲では、確実に1番手です。

実はこのイベント、元々は、私が加盟している「プロタイムズ」という団体で行っていた「感謝のかべ」にヒントを得たものです。「これまでの壁、ありがとう」の意味を込めて、塗装前の下塗りの壁に手形とサインを残し、家族で記念撮影をするというとても心温まるイベントで、皆さん、楽しそうに手形やイラストを残しています。

私はこのイベントを続けるうち、「もったいないな」と思い始めました。せっかくの手形もサインも、新しい塗装で上塗りされ、思い出は写真でしか残らないからです。

家の塗装は、人生のうちでそうそう頻繁に行われるものではありません。せいぜいその家に住み続ける間の2回、あって3回程度。塗り直しのタイミングは、子どもが生まれた、子ども夫婦が同居することになった、孫が生まれたなど、人生の節目です。

そこで私は、「感謝のかべ」を応用した「感謝の手形」を始めたのです。家のどこかに、ずっと手形を残すことで、塗装のたびに新しい家族の歴史が形として刻まれます。

そうすることで、「そろそろ塗装時期かな」と考え始めたときに、「感謝の手形」を見て「また石井建装にお願いしよう」と思い出してくれるかもしれません。あるいは塗装できれいになった家に遊びに来た人が「感謝の手形」を見て、「あの手形は何？」「石井建装で塗装を頼んだ時につくったんだ」と話題になるかもしれません。

ある二世帯住宅では、「感謝の手形」を、家の庭から見える位置につくりました。

手形を葉に見立てて手形ツリーにして、最後におじいちゃんのサインを入れたのです。おじいちゃんもお孫さんも「ベランダから手形を見るたびに、あの時のことを思い出す」と、2回目の塗装もお願いしてくれました。

あからさまに「誰か紹介してください」と言わなくても、**自然と口コミで広がります。**この「感謝の手形」のことを、たくさんの人が話題にしてくれるのです。

「二番煎じじゃないか」と思われるかもしれませんが、ちょっと変えることでオリジナルになります。そしてそれが誰もやっていないことだったら、そこでもう地域1番の名乗りを上げることができます。

アイデアは出した者勝ち。出し惜しみしないで、まずはやってみる！　精神でどんどん試して1番を積み上げていきましょう。

地域No.1ルール

誰もやっていないならそれがナンバーワン。
小さくてもよいから「1番」の座をゲットしよう。

オンリーワンとナンバーワンの違いとは何か？

2003年に大ヒットした、SMAPの『世界に一つだけの花』をきっかけに、「オンリーワン」という考え方に大きな共感が広がりました。

かつての価値観は「ナンバーワンこそすべて」でしたが、時代は変わり、たったひとつの特別な存在であるオンリーワンにも、また大きな価値があることに、改めて多くの人が気付いたのだと思います。

では、ナンバーワンとオンリーワンの違いはなんでしょう？

どんな小さなことでも1番になればナンバーワンになれます。つまり、オンリーワンになることで、ナンバーワンにもなれるということです。

しかし、ことビジネスの現場ではやはり、**ナンバーワンを追い求める**べきだと思います。

ビジネスはボランティアではありません。

社会を、そして経済を回しています。スタッフや従業員に給料を払えるだけの稼ぎがなければなりません。ライバルの会社と差別化して、売上を上げていかねばなりません。

オンリーワンが先か、ナンバーワンが先か。まるで鶏と卵のような関係なのです。

思い起こせば私は、最初からナンバーワンを目指していました。ナンバーワンになるためには何をすればよいのか逆算して、オンリーワンを積み重ねていったのです。

まず私が目指したのは、小さな地域の1番店となることです。

そのためにできることを寝る間も惜しんで考えて、片っ端から試しました。後でお話しする事例は、数ある戦略の一部です。

ポスティングも地域住民への説明会も、価格設定も職人やスタッフの教育も「感謝の手形」サービスも、みんなみんな、頭から汗を流して考え、実行してきました。

これらオンリーワンの積み重ねで、私の会社は地域ナンバーワンの座に到達できたのです。

オンリーワンは、その分野で1番になれると同時に、他社との差別化を実現し、自分だけのブランドとなります。

そして、**ナンバーワンの座を守るのもオンリーワンです。**「これだったら他社に負けない！」という確固たるオンリーワンが、ナンバーワンへの道を照らします。ナンバーワンの誇りが新たなオンリーワンをつくります。

オンリーワンもナンバーワンも、ビジネスの上ではどちらも追い求めるべきONEなのです。

地域No.1ルール

ビジネスの成功を目指すのなら、
オンリーワンもナンバーワンもどちらも目指せ！

ナンバーワンになれば人材不足も解消する

今や、どこの業界でも人手不足が問題になっています。「良い人材を選ぶ」などと贅沢なことを言っていられない状態です。かといって「誰でもよいから」と採用を進めると、お客様からのクレーム対応やスタッフ教育などに時間がとられ、ひいては会社の信用問題にもなりかねません。

私の会社は、ナンバーワンになると決めてから、人材に関して悩んだことはありません。スタッフは優秀ですし、職人も最高の腕と経験を持つ敏腕揃いです。

さらに、ナンバーワンになってからは、国立大卒業の学生を採用しています。こんな小さな町の塗装屋さんに国立大卒の新入社員なんてと、他社や他の経営者に驚かれます。でも、私にとっては、それは当たり前のことなのです。

私には**「世界一、『入社して良かった』と思える会社をつくろう」**という目標があります。入りたい会社ナンバーワンになることで、採用、人材育成、そして売上などの課題はすべてクリアできると考えているからです。

そのための出費は惜しみません。**人材への投資は会社の未来への投資**です。6か月先までの仕事を確保することで、社員に安定と安心を約束します。社員が営業しやすいように、1000万円かけてつくったショールームを構え、仕事がスムーズに進むよう、パソコンも最高のスペックのものを揃えました。

近隣で一番大きなデジタルサイネージを付けて店舗を目立たせ、さらに内装にも凝り、インスタにアップしても遜色ないデザインに仕上げています。

テンションが上がるオフィスデザインは重要です。毎日のモチベーションに違いが出ます。

営業は日々の稼ぎをつくる重要な部署ですから、余計な事務処理を極力減らし、営業に専念できる環境が理想です。そこで、事務員が営業マンの先を読んで準備できるように、業務を仕組み化しました。

また、給与は働く動機とモチベーションの重要なポイントです。そこで、評価ポイントをわかりやすくして、昇給するために必要なことを社員が自分で理解できるようにしたり、さらに希望があれば部署異動を申請できるようにしました。

さらに、新入社員でもやりたいことにチャレンジできる環境も整えています。もちろん、アイデアとチャレンジはしっかりと給与や手当に反映させます。

私はこの仕組みづくりに1300万円かけました。

その当時の年間売上は2億円くらい。そのためか、7億円、9億円という売上のある他社の経営者からは「お前のところの投資額は異常だ」と言われましたが、投資するからこそ良い人材が集まり、その人材が育つ基盤をつくれているのです。

そして、その投資ができるのも「茨城県施工実績ナンバーワン」だからこそです。

人はやはり、一番手に集まります。

理想とする人材を集めたいのなら、目指すべきは「ナンバーワン」一択です。

地域No.1ルール

人材もお金もアイデアも、すべてはナンバーワンの下に集まる。

「儲からない下請けから脱却したい」がスタート

建設業の中でも、塗装業は圧倒的に、下請けの立場となるケースが多い業種です。塗装だけで家は建ちません。当然、建築会社やリフォーム会社にぶら下がり、そういった元請けから仕事をもらう構図となっています。

しかしこれでは、いつまで経っても儲からず、立場も弱い、建設業界における「その他大勢」です。

「下請けのままでは自由に稼げない！」

この気付きが、私の地域ナンバーワンへのスタートでした。

私は21歳のときに、弟とふたりで開業しました。最初はやはり仕事がないので、下請けからのスタートです。元請けできる仕事は親類縁者からの発注だけ。ほぼ9割が下請けでした。

それでも私たちは、レベルの高い仕事とサービスをモットーにしていました。下請けを理由にした手抜き塗装は、どうしても嫌だったのです。近隣住民への工事の挨拶も、元請けがしない代わりに下請けの我々がしていました。

このモットーの下に仕事を進めてきたことは私の誇りですが、当時はやはりきついものがありました。

まず、価格を自由に決められません。元請けなら50万円、60万円の売上となるところを、下請けでは40万円です。

それでもお客様のために元請けと同じクオリティで仕事を続けていましたが、やはり、利益を出すためには材料の質を落としたり、工事の時間を短縮したりせざるを得なくなるときも出てきます。

しかも当時は価格競争が激しくなっていたこともあり、受注できる仕事は減少傾向でした。このままでは後がありません。

どうやったらお客様に喜んでもらって、自分たちも儲けられるのか？

「やはり、価格とサービスを自分で決められる元請けになるしかない」と、舵を切ったのです。

しかし、いきなり大きな予算を組んで広告宣伝を打つわけにもいきません。リスクが高すぎます。

そこで利用したのが、見積もり仲介のポータルサイトでした。仲介手数料が必要ではありますが、これなら元請けの実績がない自分たちでも、自社の看板「石井建装」で勝負できると判断したからです。実績のスタートを切るには十分です。

目標は「8か月待ちをつくろう」。

8か月先まで、施工の予約が詰まっている人気店を目指しました。

実は最初、「3年待ち」までつくろうとしていたのですが、9か月以上になるとお客様が待てる限界を超えてしまうのがわかりました。

行列のできる塗装店の最適解が「8か月」だったというわけです。

行列をつくるためには、スピードと成約率を上げていかねばなりません。このときに、現在使っている塗料メーカーを知ったのですが、このメーカーは塗装会社に対する教育に熱心でセミナーなども頻繁に開催され、私もそこで営業や集客などマーケティングについて学びました。

すると徐々に成績は向上して、１年後には成約率が９割に上昇し、元請けが占める割合も、同じく９割近くまでに上昇しました。

そこからいまに至るまで、コロナ禍などもありましたが、少なくとも３か月先の仕事はキープできています。この先も仕事があるという安心感は余裕につながり、この余裕がお客様サービスとなりオンリーワンを生み出し、ナンバーワンであり続けることができます。

自身が元請けとなることで初めて、**儲けを自在に操ることができる**のです。

地域No.1ルール

自社ブランドを掲げて元請けで勝ちを狙い、価格競争から抜け出そう！

「自由が欲しい」が重要なモチベーションになる

「価格を自由に設定したい」「本来の技術で勝負したい」と元請けに舵《かじ》を切った私ですが、実は根底にあったのは「自由が欲しい！」です。

私が大切にしているのは**「自分が楽しんで、周りも喜ばせること」**です。下請けでは、これができません。

現場で「もう少しよい仕上げにしたい」と思っても、元請けからの指示以上に手は出せません。「こんなサービスをしたい」「お客様の要望に応えたい」と思ってもできません。

困る人は誰もおらず、お客様のためになり、そして自分の会社の評判もよくなることなのに、何もできないのです。

そんなバカな話があるでしょうか？

結局フラストレーションを抱えたまま現場を終え、売上を見てさらにフラストレーションを抱えてしまう。

自由がなければ、自分も楽しくないし喜ばれもしない。モチベーション維持も難しい。そんな状態になってしまい、これではダメだと痛感したのが、元請けを目指したきっかけでした。

下請けから元請けにシフトして、少し経ったころでした。

あるお客様の家で工事をしていたところ、雨が降り出し、施工を中断したのですが、そのときふと「網戸の張り替えができない」とお客様が言っていたのを思い出しました。そこで「よかったら、うちでやりましょうか？」と、急遽「網戸張り替えサービス」を付けたのです。

もちろん有料ですが、大変喜ばれました。お客様にとってはいつもの職人がやってくれるということで安心だったのでしょう。

「こんなことで喜んでいただけるんだ……！」

私には、大きな気付きとなりました。

それからは、網戸の張り替えだけではなく、障子や襖《ふすま》の張り替えもオプションに加えました。お客様は塗装のついでに頼める、我々は雨で外壁の作業ができないときでも仕事がある。これぞwin‐winです。他社との差別化にもなります。

こんな簡単なことでも、下請けのままだったらできないことでした。

元請けとなり、自由を手に入れたからこそ、アイデアを実行し、お客様に喜んでもらえたのです。

この自由こそ、モチベーションへの起爆装置です。

元請けとなって「自由」を手に入れたことは、高い価格で渡り合える競争への参戦でもあります。

しかし、元請けならどんな武装も自由です。オリジナルの武器だってつくれます。得るものに上限はありません。自分のアイデア次第なのです。

地域No.1ルール

お客様の喜びが稼ぎにつながる「自由」を求めてこそ、ナンバーワンがある。

「ランチェスター戦略」で自分のポジションを獲得する

石井建装は、茨城県内の外壁塗装の施工実績でナンバーワンの会社です。

これは、私がまず「茨城県」「外壁と屋根の塗装」という、限られた地域と領域でナンバーワンを目指したから実現できたことであり、「関東」「工務店」でナンバーワンを取ろうと欲を出していたら、おそらく現在のポジションすら実現していなかったでしょう。

現在の石井建装の実績を見て、ハウスメーカーから「リフォームもやった方がいいよ」と、声をかけられることがよくあります。

塗装を依頼する家は、ある程度の築年数が経っており、水回りなどのリフォームも必要な可能性は大いにあります。

そのリフォームを塗装と一緒に請けることで、業務の幅も売上も拡大するという理屈です。

それは、企業を大きくするためには必要なことでしょう。しかし、リフォームまで手を広げてしまったら、大手工務店と戦うことになります。

リフォームを始めるためには、資材や工具を新たに購入するための資本が必要です。また専門の職人を集めたり、営業部員や事務スタッフにも新しく教育をしなくてはなりません。

そうなったら、資本の面でも社員の面でも、大規模の工務店にはかなわないのは火を見るよりも明らかです。

だから私は「工務店」という大きなマーケットでナンバーワンを目指すことなく、自分がよいと思った「塗料」を使い、技術を磨き、丁寧な仕事によって、「茨城県」という地域で獲得している、「外装と屋根専門」の施工実績ナンバーワンというポジションを盤石なものにすることに注力しているのです。

これは、私なりの、いわゆる**「ランチェスター戦略」**の実践です。

ご存じの方も多いと思いますが、ランチェスター戦略とは**「弱者の戦略」**とも呼ばれ、マーケットシェア1位の強者を相手に、２位以下の弱者が戦うための戦略です。
具体的には、大きな市場を狙うのではなく、戦う場所と商材を決めて、**セグメントをしぼり、そこでのナンバーワンを狙う**という戦い方です。

私の場合で言えば、新築工事や建て替え、リフォームなど幅広く手がけるシェア1位の工務店に、同じ土俵、同じ方法で戦いを挑んでも、勝てる見込みはほとんどありません。

ただ、そのような工務店であっても、すべての分野で1位ということはないはずです。総合的なシェアでは1位であっても、個別に見れば、２位、３位という分野もあります。

そこで、その個別の分野――私の場合で言えば「外装と屋根の塗装」に、自分の持っているリソースをつぎ込み、ナンバーワンのシェアを狙い、結果、それを実現したということです。

何事にも、リスクを取って立ち向かうチャレンジ精神は必要です。

ただ、何の根拠も戦略もなく戦いを挑むのは、単なる無謀です。

まずは、自分の武器で戦える分野でナンバーワンのポジションを獲得すること。

その過程での学びや気付きによって、背伸びの必要なく、ビジネスの基盤は盤石になります。

地域No.1ルール

自分が持つ武器と技で確実に勝てる戦場が、ナンバーワンを取れる分野。

第２章

地域No.1になるための最強のルールがある

最終的に生き残る会社は「お客様ファースト」が必須

あるとき、当社のお客様から、クレームの電話がかかってきました。

「いったいお宅の工事はどうなっているの！」

「えっ、どういうことですか？」

「手抜き工事だって言われたわよ」


絶対に手抜きなどしていないという自信があったのですが、お客様によると、いきなり家に訪問営業の業者が訪ねてきて、こう言われたのだそうです。

「足場があったので、ちょっと屋根を拝見したんですが、お宅の屋根は少し欠けていますよ」

実はこれ、訪問販売の塗装業者がよく使っている手口です。

屋根の修理や塗装をしている家を見つけると、「屋根の塗装工事の業者なんですが、たまたまお宅の屋根が目について……」と、あたかも工事に不備があるかのような話を始めるのです。

屋根の工事をしているということは、屋根に何らかの不具合があるからです。そこで、わざと不安をあおるような話をして、工事を受注しようというのです。

これは、お客様にとって大損になることはもちろん、**私たちのような業者にとっても信用問題であり、見過ごすわけにはいきません。**

口車に乗せられたお客様からクレームの電話を受けたときには、業者に対して強い怒りを感じましたが、同時に「まだ、こんな不誠実な営業をしている会社があるのか……」と非常に残念な気持ちになりました。

外壁や屋根の工事・塗装は、一般の方には、出来の良しあしや適正価格がわかりづらいものです。

そこにつけ込む悪徳業者が後を絶たないのが、この業界の大きな問題点です。

訪問業者であれば「地域」は関係なく、取れそうなところからお金を取っていけばいいと考えるのでしょうが、地域密着店の場合、そうはいきません。

一番先に考えるのは**「これはお客様のためになることか？」**です。

地域1番店になるということは、狭い商圏の中で仕事をしていくということです。

限られた地域の中では、よくない噂はすぐに広がります。


地域No.1を目指すのであれば、多少時間がかかるかもしれませんが、短期的な利益を目的にせず、お客様ファーストの姿勢を貫いて、信頼を積み重ねていくことです。

そしてその信頼は、必ず新しいお客様を連れてきてくれます。

地域に根を下ろして仕事を育てていこうと考えるのであれば、姑息《こそく》なことはせず、「正直商売」を徹底することが最も大切なのです。

地域No.1ルール

1番になるためには常に「お客様ファースト」を心がける。

No.1は足を引っ張られることもあるので対策を考えておく。

商品の中身よりアフターメンテナンスで選ぶお客様

世の中の商品は「売るまでが勝負」というものが大半ですが、「売ってからが勝負」というものもたくさんあります。後者は不動産や大型機械といった高額な商品が多いのですが、塗装も後者に属します。

塗装は1件で100万円〜200万円という買い物ですから、お客様にしてみると**「買った後も面倒を見てくれるのか」**という不安は大きいものです。

塗装は、その最たるものだと私は思っています。まず、価格は安くない。でも、誰が塗っても出来上がった直後はきれいですから、成果はわかりにくい。正直、一般の方はもちろん、私たちのようなプロでさえ、よほどのことがなければ出来の良しあしはわかりません。

しかし、5年経つと良しあしの違いが出てきます。逆に言えば、5年経たないと、その塗装がちゃんと家を守る塗装として機能していたのか、そうではなかったのかがわからないのです。

だから、私の会社では業界最長の**「10年保証」**を約束しています。さらに、節目となる1・3・5・7・10年目に屋根と外壁の定期点検を行っています。

10年保証は、工事の品質に自信があるからこそ付けられる保証です。自信がなかったり見た目だけの工事で逃げてしまうところは、保証なんて付けられるわけがありません。しかも、石井建装の保証は、3年や5年ではなく、最長10年です。

これだけ長い期間を保証できる品質だと説明して付帯することで、お客様は安心できますし、我々も「高い品質に見合った料金」として提示できます。定期点検でお客様からの不安や不満をうかがうことで**「安心」**という付加価値を付けて、我々は品質やサービス向上に活かすことができます。

アフターサービスを付けることで、先にお話しした「お宅の屋根が壊れています」という詐欺のような訪問販売サービスにも対処できます。「うちは石井建装さんに任せているから、調べてもらいますね」と言って、怪しい訪問販売を撃退できるのです。

人は誰でも、高額な商品を購入した後は、売った相手が信頼できるのか不安になっているものだと思います。

そこに**大きなウエイトを占めるのが、アフターサービスです。**何かあったとしても、逃げも隠れもせず対応してくれる。この安心を、お客様は求めています。

私は独立して元請けに舵を切ったとき、「お客様の孫の手のような存在になろう」と決めました。絶対の安心を保証するアフターサービスは、かゆい所に手が届く、うまく言葉にできない不安や不満を解決するものです。

お客様は、お金を出して買ったことを、ずっと覚えています。出した金額に見合う安心を求めています。

感謝をもって、その期待と不安に応えてこそ、地域1番店に名乗りを上げる準備ができるというものです。

地域No.1ルール

購入した後が本番！ アフターサービスを提供する自信が信頼をつくる。

ムリな安値より値引きしない適正価格で信用を得る

安かろうは悪かろう。

多くの人は、頭では「安い」に理由があるとわかっています。でも、どうして「安価」に惹かれてしまうのか。それは、判断材料が価格しかないからです。同じ（同じだと信じ込んでいる）品質だったら「安い」方に流れるのが、人の心というものです。

この心理を巧妙に利用しているのが訪問販売です。

訪問販売は、最初に悩みにダイレクトに働きかけるメリットを並べ、「でもお高いんでしょう？」というタイミングで金額を提示します。提示された金額で興味を引いたところで、さらに一気に割引して「今しかない」と畳みかけます。

メリットと安価（比較対象がないので、本当に安価なのかはわからない）にグラついているところを畳みかけられてしまうので、つい買ってしまうのです。

消費者にとっては、買った後で後悔しても後の祭り。売り手にしてみれば売ったもの勝ち。アフターサービスなんて知らぬ存ぜぬで逃げてしまえばよいのですから。売れればよいので、信頼を得る必要もないのかもしれません。

ではなぜ、彼らは安価にできるのでしょうか？

材料の仕入れや運送費などの工夫によるコスト削減は、企業努力です。

しかし、工務店や塗装店の場合、安価にしようとすれば、すべて品質に表れてしまいます。塗料のランクを下げたり、本来は3回は塗り重ねるべきところを2回塗りで済ませて職人の稼働する時間を短くしたりします。アフターサービスなんてできません。３年経って塗料が剝げたとしても、それは「安かろう」の結果なのです。

私の会社では、見積もりを出すと多くのお客様は「他より高い」と言います。私たちは、**高い価格設定の理由をきちんと説明します。**

塗料は私が吟味した信用できるメーカーのものを使用します。

職人は限られた時間内で最高の仕事をする技術者揃いです。

保証も10年という長期間です。

家が塗装によって守られているかチェックし、メンテナンスも行います。

一時的には「高い」施工費だとしても、この金額で10年間家が守られるのですから、結果的にお客様の負担は軽くなります。そのために、最高の塗装をするのです。

こう説明すると、お客様は納得します。**価格に理由があることを知れば、安い価格との比較が可能**となり、信用して契約してくれます。

それでも値切ってくるお客様は、安い業者を探すのが目的で品質は求めていないのですから、それにふさわしい業者に当たっていただいたほうがよいと思います。

適正価格は、結果的にお客様に信頼を与え、選ばれる理由となります。

無駄な価格競争に巻き込まれても、体力とお金を消耗するだけです。

地域No.1ルール

値引きなしの適正価格は信頼の証し。
価格ではなく品質と安心でブランディングを。

地域のイベント・コミュニティには進んで参加する

儲かっている会社は社会貢献活動を積極的に行っているという法則があります。確かに、地域の福祉や教育に寄付したり、ボランティア活動をするなど、大企業ほど社会貢献活動をしているように見えます。

鶏が先か卵が先かで、地域貢献活動をしていたから儲かったのか、儲かったお金の余力で地域貢献活動ができるのか、と考えるところですが、**地域１番店を目指すのなら答えは前者**です。

地域のイベントに参加して働き、コミュニティに顔を出して悩みを解決しようと動く会社だから、仕事もお客様もついてきます。

それを「売名行為だ」なんて言われたところで、何てことはありません。売名行為だろうと広報活動だろうと、地域の役に立っているのなら、文句を言われる筋合いはありません。

私の会社でも、無料の勉強会や説明会の他に、地域の企業と協力してボランティア活動をしています。

先日は、茨城のご当地ヒーロー・時空戦士イバライガーの基地（本部）の外壁を塗装してきました。集まったのは、全国の塗装業者200社以上が集まるボランティア団体「塗魂《とうこん》ペインターズ」の中の北関東メンバーです。イバライガーはコロナ禍の影響でイベントができないまま存続の危機に陥っていました。

「まだまだこれからも、茨城を元気にしてほしい！」。そんな思いを込めて、基地を赤と白のツートンカラーでおしゃれに仕上げました。もちろん無料です。

公共施設の屋根の塗装もボランティアで塗りました。

地域が我々の塗装で元気になってくれたのなら、それで目的は達成です。

「ありがとう」の言葉をいただけたら、最高です。

数字にしてみたら、一銭にもならない活動かもしれません。しかし、このボランティアで同業との情報交換ができます。地域で活動することによる情報発信ができます。作業中に地域に住む人たちから悩みを聞くことができますし、行動範囲や生活リズム、ライフスタイルもわかります。

ボランティアや地域のイベントで知る生の声は、インターネットに張り付いてキーボードを叩いて得られる、何倍もの情報を入手することができます。

社会貢献活動は、巡り巡って業界に返ります。業界と自分の会社の信用となり、顧客がやってきます。

地域への社会貢献は、未来への投資です。

そしてその価値は、プライスレスなのです。

儲かる会社が社会貢献をしているのではない。
社会貢献しているから信用と顧客がやってきて最終的に儲かるのだ。

ニーズに合った商品・サービスのラインナップを増やす

「かゆいところに手が届く」を実行するためには、お客様のニーズを正確に把握した上でサービスや商品を展開しなければなりません。

メニューやサービスの多さを売りにする業種もあるのでしょうが、少なくとも塗装業や工務店は地域の特性が出やすい業種です。地方のお客様を相手にしているのに、首都圏のコンサルタントの声を鵜呑みにしてメニューを組んでも、ニーズに合わないのなら意味がありません。

先にお話しした、地域イベントの開催や参加が重要なのは、机上の空論ではない、**生きたマーケティングが可能**となるからです。

私の会社がある茨城県の取手や、支店のある千葉県の我孫子地区は、地方といっても東京への通勤圏でもあります。

そのため、古くから土地に根差している人と、新しく入って来た人が混在しています。情報収集の方法や新築かリフォームか、家族構成などの違いがあれども、共通しているのは「自分で購入した家に住み続ける」層です。つまり、投資用物件ではなく自分たちが住むための、場合によっては家族代々が住み続ける家だということです。

この層は、家をリフォームしてできるだけ長く住み続けたいと思っています。そのためのサービスなので、私の会社では塗装の多彩なメニューの他に、屋根の雨漏り修繕や雨といの取り換えなど、リフォームのメニューを加えています。

「ちょっと待て。塗装業とリフォームとの兼業は難しいと言ってたじゃないか」

そう思うかもしれませんが、よく見てください。リフォームメニューはすべて「塗装」に関連することです。塗装は壁を塗るだけではなく屋根に関することもたくさんあります。

お客様の視点でも、「せっかく屋根を塗ってもらうのだから、瓦屋根の補修もできたらいいのに」と思うのが自然です。我々は、そこに応えたわけです。

しかも、屋根のリフォームならば、風呂やトイレ、キッチンなどの水回りよりも、資金も規模も小さくて済みます。そして、塗装の専門知識と資材があれば、自分のスキルの応用で対応できることです。

ただし、お客様の希望があったからと、やみくもにメニューとサービスの範囲を広げては自分の首を絞めてしまいます。メニューを広げるのなら、同じ20でも４×５にするのか、５×４にするのか、それとも２×10、10×２にするのか、さまざまな考え方があります。

無理のない広げ方は、専門を絞った上で引き出しを増やす方法がよいと思います。あくまで、専門から逸脱せずに広げていくことが肝要です。

地域No.1ルール

地域のニーズを把握して引き出しを増やそう。ただし深すぎる引き出しは取り出しにくくなってしまうのでご注意を。

クレームに迅速・的確に対応する体制づくり

商売にはお客様からのクレームは付き物です。**クレームゼロなどあり得ません。**人と人が関わり合う中で、意見の食い違いが出て来るなんて当たり前の話で、これまでクレームなんて受けたことがないというのなら、それはお客様が我慢しているか、それとも諦められたかのどちらかです。

商売を続ける秘訣は、クレームにいかに対処したか。

クレームありきのまま続けるのは問題ですが、クレームに対応し、今後にどう活かすかを考えられる企業だけが、成長します。クレームとはお客様の忌憚《きたん》のない意見であり、多くのお客様を代表する意見かもしれないからです。

私のところにも、小さなクレームは来ます。ほとんどが認識不足や感性の違いから来るもので、それらについては、事前の説明を徹底することでほとんど回避できています。

困るのは、昨今増加中の**「モンスタークレーマー」**への対応です。皆さんもお悩みなのではないでしょうか。

「お客様は神様ではない」という認識は広がりつつありますが、小さな世界である地域店となると、モンスターも地域の方であることが多く、対処の仕方を間違えると大騒ぎになりかねません。

私の会社にも、とんでもないクレーマーがいました。

とにかく、何かしらにいちゃもんレベルのクレームを付けて、絶対に施工費を払おうとしないのです。

たとえやり直しをしたとしても、今度はそこにクレームをぶつけてきます。結局、そのお客様からはお金をいただかず、施工も取りやめました。

弁護士を入れて交渉もしてきたのですが、工期が延びるだけで職人もスタッフも疲弊し始めていました。これ以上クレーム対応していれば、会社が傾く。そう考えて、すべて引き上げたのです。

　このクレーム対応で学んだ私は、職人・スタッフ・お客様との〝報連相〟を徹底しました。日報はまるで交換日記であり、連絡帳です。こうすることで、職人もスタッフもクレームに対して誰でも対応できる上に、証拠も残ります。お客様にとっては不安を払拭できるため、結果的にクレームにはつながりません。やはりここでも、「コミュニケーション」重視が活きてきます。

いかに気持ちよく仕事を終えられるか。これが、クレーム予防の極意です。

　ただ、やはりモンスタークレーマーを野放しにしてよいわけではありません。このままでは、業界の悪評にもつながりかねません。

　業界で、モンスタークレーマーの情報共有ができる仕組みがあればよいのではと、考え中です。

地域No.1ルール

モンスタークレーマーを切る勇気も時には必要。クレームは不安の表れ。密なコミュニケーションが迅速・的確な対応につながる。

認知度を狙え! 地域には地域のPR方法がある

多くのマーケティング本に書いている内容は、地方都市にはそぐわないものがたくさんあります。**DXやデジタルマーケティング**は、都会に住むお客様には効果的かもしれませんが、地方都市ではそこまでの決定力は持っていません。

実際、私たちがターゲットとしているお客様層は、インターネットからの情報は、どちらかといえば補助的なものです。もちろん、今の世の中、ウェブやSNSの利用は不可欠ではありますが、そこに注力しても期待した成果は上げられないと思います。

では、地方都市において有効なPR方法とはなんでしょう。

それはズバリ、**TVでよく見る有名人に登場してもらう**ことです。

地方在住の、ある程度の上の年齢の方にとって、TVに出ている人はスターです。

そして、スターが出ている広告は信用できるものであり、TVに出ている人を使っている会社というだけで「すごい！」となります。

こう言っても、地方に住む年配の方を軽んじているわけではないので、誤解しないでください。私が言いたいのは、地方や地域が信用する人物を広告に起用するだけで、大きな効果を得ることができるということです。

ですから、石井建装の広告には、アクセルジャパンを通じてタレントのヒロミさんにご協力をいただいています。ヒロミさんは茨城県にも取手市にも関連性はないのですが、東京の郊外・八王子出身という、どこか地方都市と親和性があります。

ＤＩＹが好きでその技術も玄人並みということも、リフォームを扱う業種とマッチします。愛妻家で家庭的でアウトドアが好きなキャラクターは、アットホームな企業のイメージとピッタリです。

ヒロミさんを起用した広告を、ホームページにはもちろん、幹線道路沿いの看板にも使用しています。道行く地域の人たちは、大きなヒロミさんの看板を見て石井建装を知り、地域の人たちは**「ヒロミ＝石井建装」**となります。

看板だけではなく、地元新聞にも広告を掲載します。地域新聞は、その地域に住むほとんどの人が読みます。大手新聞を購読していない家庭でも、地域新聞はリビングのテーブルの上にあるものです。

その地域新聞の、一番目立つ場所に広告を打ちます。リビングのテーブルの上で、ヒロミさんが石井建装をＰＲしている図を、家族全員が目にしています。

そして家族がテレビでヒロミさんを見ると、どうでしょう。

「あ、石井建装の人だ」となるのです。

地域の人たちが一番注目する媒体は何か。

地域の人たちが一番「すごい」と感じるものは何か。

地方都市は、地域の価値観に根差したＰＲこそが「売れる広告」なのです。

地域No.1ルール

テレビや地元の有名人、地元のメディアなどを活用する。
その地域にダイレクトにヒットするＰＲ戦略を！

勝つためには地域の競合分析を徹底的に行う

地域1番店になるために、絶対必要なのが「競合分析」です。分析した後は、真似してやってみましょう。物事を習得しようとするとき、まずは真似から入るものです。ビジネスも一緒です。**学び、模倣する。**オリジナルで冒険するのはその後です。

私が「元請けになろう」と決めたとき、隣接した塗装業やリフォーム店を徹底的にリサーチしました。経営者のブログも隅から隅まで読みました。直接聞きに行ったこともありました。

・他の店舗でやっていないサービスは何か。
・資材はどこのメーカーを使っているのか。
・ターゲット層はどこか。
・どんな広告を出しているのか。

この他にも、職人の数や工期、料金、社員教育と方針なども調べました。1億円の売上があるのなら、その理由があるはずです。施工の数と売上が合わないなら、施工の質や資材費で工夫があるのではないか、職人の人数と工期にズレはないのかなど、徹底して調べていきます。

調べるうちに、どうやれば勝てるのか、その要素が見えてきます。真似しているうちに、自分ならどうやるのかが見えてきます。

分析と真似、考察。この3つが化学反応を起こして生まれるのがオリジナルです。「感謝の手形」や雨天時の網戸張り替えサービスは、化学反応でひらめいたものです。分析と真似をして学ばなければ、オリジナルは的外れになってしまうのです。

そして**一番大切なのは、勝てる戦《いくさ》をすること。**

勝てる戦とは、競合店ができるだけ少ない地域で戦うことです。

強豪にむやみに向かって行っても、コテンパンにやられておしまいです。

私が取手という地域を選んだのは、そこが塗装業の「ブルー・オーシャン」だったからです。1億円プレーヤーのリフォーム会社はありましたが、元請けをしている強い塗装業専門はいませんでした。

さらに、取手は私の地元です。地域に住む人々が何を望んでいるか、勘が働きやすいこともありました。

取手で塗装業の起業は、私にとって「勝てる戦」だったわけです。

どんなに資金があっても、どんなに大学で難しいマーケティングを学んだとしても、生きた教材にはかないません。その地域で1番を張っている企業は、勝てるマーケティングを実践しています。このリアルを分析・模倣・考察してこそ、野戦に強い実力者となれるのです。

地域No.1ルール

うまくいっている競合・ライバルは生きた教材。
「勝てる戦」の秘訣は徹底分析と実践と戦場選び。

第３章

住民への
心遣いが大切！
地域１番店の
成功例

茨城県の人たちは子どもの誕生日に『メヒコ』に行く

地域1番店のノウハウを集めて凝縮させた理想の店が、茨城県にあります。シーフードレストラン『メヒコ』です。

県外の方は、このお店の名前を知らないでしょう。しかし、茨城県民は多分全員知っています。そして、ほぼ行ったことがあるはずです。

発祥は福島県で、いわき市と郡山市の2店舗、茨城県には、つくば市、ひたちなか市、守谷市の3店舗があります。

多分、茨城県民は、地元の店だと思い込んでいます。それだけ、この**土地に馴染み、住民の生活に根付いている**のです。

なぜ、このシーフードレストランが有名になったのか。

その秘密は、同社が料理と同じくらいに力を入れている「フラミンゴ館」にあります。本物の鳥のフラミンゴです。店内にフラミンゴがいて（それもたくさん）、ガラス越しに見ることができます。お客様は、**優雅なフラミンゴの姿を楽しみながら食事**をします。

これだけ聞いていると、カオスな状態にも思えます。しかし、茨城県のファミリーは、この「メヒコ」が大好きです。

ちょっとよそ行きの、でも気取らないメニューはどれもおいしく、イチオシはカニ肉たっぷりのカニピラフ。

茨城県という土地柄を活かした広い店内は、ベビーカーも車いすも余裕で入れるので老若男女誰でも気兼ねなく入れます。

極めつきがフラミンゴです。店の真ん中のフラミンゴを取り囲むように、テーブルが並んでいます。フラミンゴが見られる席は競争率が高く、予約は必須です。

料理を待っている間も、子どもたちはフラミンゴを見ていられるので飽きてぐずることもありません。フラミンゴの話題で、ご無沙汰している義理の両親とも話が弾みます。

家族に優しい、特別な日にみんなで集まりたい。誰かと一緒に行きたい。

そう思わせてくれるのが、「メヒコ」なのです。


そもそも、なぜ店内にフラミンゴを連れてきたのでしょう。

遠洋漁業に出ていた「メヒコ」の創業者は、メキシコでフラミンゴの群れに出会い、その美しさに感動。

「この美しいフラミンゴを見ながらおいしいシーフード料理を食べたら、みんなが幸せになれるはず」

そう考えて、「メヒコ」を創業したといいます。

みんなを幸せにしたいという夢と思いがオンリーワンを生み、ナンバーワンとなる。

「メヒコ」には、地域ナンバーワンに必要なキーワードがすべて詰まっているのです。

地域No.1ルール

奇抜なアイデアでも「みんなでハッピーになろう」という意識が、オンリーワンのブランドになる。

取手市の住民の心と胃袋をつかんだ『やま忠』の心遣い

ハンバーグで有名なレストランと言えば、静岡県の『さわやか』でしょう。「炭焼きレストランさわやか」のハンバーグは、静岡県のソウルフードでソウルハンバーグです。

しかし、茨城県取手市にもソウルハンバーグがあります。

取手市の『やま忠』のハンバーグです。

「やま忠」はとんかつなど肉を使ったメニューがメインのレストランです。

一見普通のファミリー層向けのとんかつ店なのですが、地域に根差したサービスがそこかしこにあり、取手住民を虜にしています。特に、**高齢者に優しい心遣い**がピカイチなのです。

「やま忠」メインのとんかつは、柔らかく歯切れのよい赤身肉を使っていて、お年を召した方でも食べやすいと評判です。

私がおすすめするのは、やはりハンバーグ。牛肉１００％で、客席に届いたときは、まだ中が赤いレアの状態なのですが、それを、鉄板に添えてある熱した石に乗せて、自分の好みに合わせて焼くことができます。ちなみに私は、供されたまま焼かずに食べるのがお気に入りです。

このハンバーグ、見た感じは「さわやか」のハンバーグと似ているのですが、これが柔らかい！

外はカリッと香ばしく、中はふんわりジューシー。老若男女、みんながおいしく感じる絶妙なふんわり加減なのです。

これが、ランチタイムは１０００円ちょっとで食べられるということもあり、お昼時は満員。接客も高齢者に優しいテンポで、かつ丁寧で、安心して自分の親を連れて行けます。おのずと、ファミリー層が多くなるのも納得です。

さらに、月に1回、お年を召した方へのサービスデーがあり、ハンバーグをお得に食べることができます。この日は行列です。でも、**並んででも食べたい！**　と思ってしまう力が、「やま忠」にはあります。

見た目は唯一無二ではなくても、そこに付随するちょっとの心遣いが、地域１番店への足がかりとなります。

土地柄を見極めた高齢者視点のプラスワンが、取手のソウルハンバーグを生んだのです。

地域No.1ルール

地域で１番のお客様になる層の視点に立ったプラスワンで差別化しよう。

沖縄の『やっぱりステーキ』は『いきなり!』を超えた

ステーキをパパッと食べられる店として一世を風靡《ふうび》した『いきなり!ステーキ』。さっと入り、肉を頼んでお酒と共にいただいて帰る。東京・銀座発祥ということもあり、江戸っ子の粋を感じるスタイルです。

この「いきなり!ステーキ」とよく似た名前で有名なのが『やっぱりステーキ』。こちらは沖縄発祥で、沖縄県民にとっては「やっぱりステーキ」に軍配が上がります。しかし、我々から見ると、「やっぱりステーキ」は「いきなり!ステーキ」のパクリなのではないか、と思ってしまいますね。

ところが、そんな疑惑を払拭するほど、今や「やっぱりステーキ」は「いきなり!ステーキ」を凌駕《りょうが》しています。

その秘密はどこにあるのでしょう。

「やっぱりステーキ」がターゲットとしている層は、ファミリーや、がっつりお肉を食事としてとりたい層です。おしゃれを求めていません。

そもそも、「やっぱりステーキ」のネーミングはパクリではなく、沖縄県民の**「締めはやっぱりステーキだよね」**から来ているとのこと。沖縄では、飲んだ後はラーメンではなくステーキなのです。

さらに、沖縄県は米国文化が根付いていることもあり、たくさんのステーキ店があります。ステーキを食べることは特別でもなんでもなく、日常です。そこが「いきなり！ステーキ」との違いであり、棲み分けになったといえるでしょう。

ステーキにおしゃれを求めていない層をターゲットにした「やっぱりステーキ」では、テーブルにたくさんの調味料を置いているため、自分の好みで味変が可能です。しかも、すべてのメニューにサラダ、白米や黒米、玉子スープが付いていて、食べ放題です。

完全に、がっつりステーキを食べることを目的とした人をターゲットに振り切っているのです。

「いきなり！ステーキ」にも「やっぱりステーキ」にも、**それぞれのターゲットがいて、お互いを邪魔せず棲み分ける。**

地域で同業者とうまく共働しながら業界を盛り上げていくヒントがあると、私は感じています。

地域No.1ルール

すでに１番店がいる地域に参入するなら真逆のターゲットを狙おう。

北海道発の『セイコーマート』はコンビニ界の大泉洋

俳優の大泉洋さんは北海道が生んだ鬼才です。そのキャラクターは活動が全国ネットとなってもブレることはありません。

そんな唯一無二の存在を生んだ北海道が誇るコンビニが、『セイコーマート』です。「セイコーマート」は、北海道では**「コンビニと言えば〝セコマ〟」**というほど、その認知度はずば抜けています。道民にとって、コンビニはセブン-イレブンではなくセコマなのです。

この「セイコーマート」が大泉洋さんのような唯一無二の存在となったのは、その経営理念にあります。

北海道は47都道府県の中で圧倒的に広く、その分、過疎地域もたくさんあります。そんな過疎地にも、「セイコーマート」は必ずあります。他のコンビニはおろか、農協や生協ですら引き上げてしまう限界集落でも、「セイコーマート」は積極的に出店します。

それは、「セイコーマート」が**「北海道のインフラ」を自認**しているからです。

限界集落に出店したセコマは、過疎地だからと手抜きをしません。都市部のセコマ同様においしくて安価な総菜と、いつでもホカホカなお弁当が食べられるホットシェフもあります。

災害で他のコンビニが軒並み休業する中、セコマだけは車のバッテリーを使った非常用電源キットで営業を続けました。過去の災害を教訓に、北海道ならではの対策を講じていたのです。

北海道と共にあり続ける姿勢はコンビニ店業だけではなく、経営不振の道内企業にM＆Aや資本提携を働きかけ再生し、**その地域の雇用促進にも貢献**しています。

大泉洋さんは、北海道のローカル番組のキャラクターを崩さず、一貫して「大泉洋」の姿勢で大河ドラマ俳優となりました。

「セイコーマート」も「北海道のインフラ」の姿勢を貫き、コンビニ界の風雲児として唯一無二の地位を築きました。

誰にも崩すことができない地位を、地域のナンバーワンを手に入れることで、彼らは手中に収めたのです。

地域No.1ルール

徹底した地域密着と地域貢献で、全国展開の店舗も手が出せない唯一無二の存在となる。

長野のスーパー『ツルヤ』には東京からもお客様が来る

地元でナンバーワンになるために立ちはだかるのが価格競争です。その土地柄の適正価格があるといえども、安さ一辺倒で長続きできるのはほんの一部の企業。その他多くは疲弊して撤退する未来が見えています。

それにもかかわらず、地方の価格に真っ向から挑戦したのが、長野県の『ツルヤ』です。

「ツルヤ」は長野県小諸市に本社を置くスーパーチェーンです。長野県内で30店舗超を構え、2020年に群馬県に進出しました。

同社の特徴は、オリジナルブランド商品の展開にあります。その人気は、県外のお客様がわざわざ買いに来るほど。オリジナル商品を出すことはそんなに珍しくはありませんが、なぜ「ツルヤ」がこれだけ注目されているのでしょう？

まず、その品質にあります。

地方都市は概して価格競争に陥りがちです。

しかし「ツルヤ」はその「安さ」に真っ向勝負。大手メーカーとコラボして、品質の高さを追求しました。**地方都市ではあまり手に入ることのないレベルの商品を提供**したのです。

例えばレトルトのバターチキンカレー。２４９円(税別)と安くはありません。しかし、化学調味料を使わず、材料は四国産の鶏肉と信州産のエリンギ、リンゴというこだわり。味はスパイシーで具も大きく、地方のスーパーが出すクオリティを超えています。クラフトビールのパイオニアである「ヤッホーブルーイング」とコラボした「信州高原地ビール」も２４９円。こちらはクラフトビールとしてはお値打ちで、しかも本格的なオーガニックビールで、スーパーの商品を超えているのです。

他にも、本格派のピザやラインナップの豊富なジャムなど、ギフトとしても遜色のないオリジナル商品がたくさんあります。

お客様にとってみれば、都市部から離れた居住地に居ながら、本格的な商品を買いに行ける、特別なスーパーです。

行けば楽しいし、人に紹介したくなる品物が揃っている。

「買い物が楽しい！」という感情が訴求効果となり、「ツルヤ」を地域一番店にして、さらなる拡大へとつなげているのです。

地域No.1ルール

地方に居ながらにして享受できる、特別感のあるオンリーワンを提供する。「楽しい」を動機にさせる商品力が価格を超える。

ヘリポートがある市川市のゲームセンター『大慶園』

千葉県と言えば天下の東京ディズニーランドがあります。平日だろうと休日だろうと、国内外から多くの人が訪れる、日本で一番有名なテーマパークです。

そんな「夢の国」東京ディズニーランドですが、千葉県には**「第二の夢の国」**が存在します。

その名は『大慶園《だいけいえん》』。１０００台以上のアーケードゲーム、ゴーカート、バッティングセンター、カラオケ、ビリヤード場、ナイター設備を完備した野球グラウンド、バスケットボールコート、極めつきはヘリポートという、大人も楽しめる（むしろ大人のための）総合アミューズメントパークです。

「大慶園」がオープンしたのは１９５１年。東京ディズニーランドは１９８３年オープンですから、「大慶園」の方が老舗です。

しかし、東京ディズニーランドが千葉にできても、「大慶園」の地位は揺るぎません。

動じることなく、そのスタンスを守り続けています。

その秘密は、やはりディズニーランドとの大きなコンセプトの違いでしょう。ディズニーランドはキラキラの夢の国ですが、**「大慶園」はギンギラギン**です。アメリカンな世界観と昭和の雰囲気漂うラインナップ。カラオケ、バッティングセンターという、昭和のおじさんがいかにも喜びそうな俗っぽさです。ディズニーランドは夢を惜しむようなパレードで1日を締めくくりますが、「大慶園」は24時間営業です。飲んだ後でも**「まだ夢は終わっていない」**とカラオケで歌い、バッティングセンターでバットを振り続けることができます。

ゴーカートは子どもを想定していないシートベルト必須の大人の乗り物です。ファミリーで遊べるものもありますが、ある程度の年齢から上の層を狙っています。

逆に、この昭和感がZ世代には新鮮なのか、若い層にも人気です。

東京ディズニーランドが進出し、ファミリー層がキラキラの夢の国に行ってしまったとしても、「大慶園」は夢の国に迎合することなく、独自の路線を貫きました。

そして、誰も真似できない域にまで達しました。

この姿勢が、千葉県民に「第二の夢の国」と言わしめ、半世紀以上経った今も、地元に愛されている理由なのでしょう。

地域No.1ルール

支持してくれる層を裏切らない。
彼らが求める姿であり続けることもオンリーワンブランディング。

12万人の延岡市民に月3万食を売る『辛麺屋桝元』

宮崎県延岡市には、地元民に愛される辛麺店『辛麺屋桝元』があります。どのくらい人気かというと、人口約12万人の延岡市で、ここの辛麺の売上は月3万食。年間で換算すると、延岡市民一人当たり3杯の辛麺を食べていることになります。

辛麺は、宮崎県ではポピュラーな麺料理。そんな激戦区で、なぜ「桝元」の辛麺がナンバーワンになれたのでしょうか。

それは、**ターゲット層の転換**にありました。

辛麺はその名の通り辛く、主に飲んだ後の締めに食べるものでした。「桝元」はこれを「もっと幅広い層に食べてもらえるように」と考え、コンセプトを「リピートしたくなるラーメン」に転換。トマトや豆乳を使用したメニューを考案し、辛さを25段階に分けて、辛さを追求しない方向に舵を切ります。

締めの辛麺から、女性も子どもも家族で食べられる辛麺へ。

この女性やファミリー層は、これまで辛麺市場が手を付けていなかった、スキマだったのです。

顧客層が広がったところで、地元の範囲を延岡市から宮崎県に拡大。郷土芸能「ひょっとこ踊り」の音源をＣＭに採用し、公式アプリでクーポンやポイントでアプリ登録者を増やし、店舗への集客につなげます。

社内教育も徹底。全店舗が毎日売上日報を提出し、毎日社長がスタッフに向け、粗利益や人件費、販促など優秀店舗の数字を共有します。

数字に対する意識付けが目的です。

もちろん優秀者は表彰。キャリアアップ環境や働きやすさを追求し、意欲向上につなげています。

これらの取り組みが次々とヒットし、「桝元」は現在、宮崎県から九州へ、そして関西、関東と全国へ店舗を拡大中です。

飲食店は人手不足が課題ですが、「桝元」では女性を積極的に採用するなど、人材も集まっているといいます。

ターゲット層を広げ独自路線でシェアを広げ、スキマを狙ったコンセプトで全国へと拡大する。まさに、地域1番店として、理想的な展開ではないでしょうか。

地元密着×スキママーケティングの可能性は、無限大なのです。

地域No.1ルール

まだ誰も手を付けていないスキマは手を付けた時点でナンバーワン。業界のターゲット層から漏れている層を見逃すな！

第4章

日本一は無理だけど、茨城県1位は勝ち取れた!

資格と丁寧な仕事こそ最大の営業ツールになる

外壁塗装には「一級塗装技能士」という、厚生労働大臣認定の国家資格があることをご存じでしょうか？

一般の方にはあまり知られていないかもしれませんが、受験資格には7年以上の実務経験が必要とされ、実技試験と筆記試験をクリアしなければならず、合格率は約50〜60％。7年以上の経験があるベテランの塗装職人でも約半数は不合格になる難関資格です。

石井建装では、私をはじめとする**一級塗装技能士の有資格者**が現場に関わることが基本になっています。

これは責任を持って工事を進めるためですが、この資格は強力な営業ツールにもなっています。

塗装会社を選ぶとき、一般の方には、職人の技術力を見極めるのは難しいと思います。そもそも、技術力の差がわかるのは工事の後。

残念な結果になり「こんな業者に頼まなければよかった……」と気付いたときには、もう手遅れです。

だからこそ、資格はお客様にとってわかりやすい保証であり、有資格者がいるということは、それだけ選ばれやすくなるということです。


もちろん、有資格者がいる会社だからと選んでいただいたからには、その期待以上の仕事をする必要があります。


外壁塗装に対するお客様の評価は、基本的に減点方式です。

仕事に取りかかる前の「きれいな家になるんだろうな！」という期待は、工事が進むにつれ、次第に
「ここはこんなはずじゃなかったんだけど」

「ここは、こうしてほしかったなあ」

「なんだか、あまり見栄えが変わらないな」

という具合に、少しずつ期待外れの部分が出てきがちです。

その減点部分を極力少なくして、お客様の期待に沿った工事を実現するためには、専門知識のある職人が事前調査・準備を怠らず、必要な資材を揃え、お客様と密なコミュニケーションを取りながら正確な作業を進めるのが王道であり、それ以外ありません。

確かにこの方法は、手間もコストもかかります。ですが、丁寧な仕事でお客様に評価していただくことで口コミが広がり、さらに外壁塗装以外の発注をいただいたりするのです。

信頼性の高い資格と丁寧な仕事は、最強の営業ツールです。

地域No.1ルール

免許・資格を持っているのはNo.1の証し。
ベテランの証明とは実績+資格+腕のこと。

「いかに安心して任せられるか」が9割

先ほど資格のお話をしましたが、これはあくまで安心材料のひとつです。実際には、お客様は心の奥では、もっと先を求めています。

塗装の依頼なんて、人生の中であって数回です。職人に対して、何をどう頼んだらよいのかわからない、と不安になるのが当たり前です。

そこで当社が力を入れているのが、**施工前のヒアリング**です。

お客様がお問い合わせをされるときは、まだ「塗装が必要なことはわかるけど、どう必要なのかわからない」状態です。

色が剥げてきている、ヒビが入っている、雨漏りしている、など外観でしかわかりません。

ですから、我々プロが、「詳しい現状」「望む耐久性」を掘り下げていく必要があります。

ヒアリングはそこで終わりません。塗装は家のリフォームと同じですから、その家に住み続けるためにこの先何が必要なのかも深掘りしていきます。

今は「ひび割れた部分の修復と塗装」だけを考えているけれども、なぜヒビが入ってしまったのか、なぜこれだけ汚れているのか原因を探り、例えば「汚れにくい塗装」「耐久性の高い塗装」などを選んでいきます。

さらに、この家に住み続けるに当たって家族はどこを大切にしているのか、次の塗り替えはどのタイミングを考えているのかなどもヒアリングして、住みよい理想の家に育てるにはどうしたらよいのかも掘り下げていきます。

これは、ヒアリングを超えてカウンセリングです。

お客様の悩みをしっかりカウンセリングできてこそ、お客様は漠然とした不安の正体に気付いていきます。

その**悩みをひとつずつ解決して初めて「安心」が得られる**のです。

カウンセリングを終えたら、見積もりは5種類出します。

お客様が確実に納得できるものを選んでもらうためでもあり、お互いに安心して気持ちよく施工に入るためです。

安心を引き出したカウンセリングの後に提示する見積もりには、お客様からの値下げ交渉はありません。

見積もりは、その家族が家で暮らし続ける未来が詰まっています。

未来のお話を、我々は塗装を通じてしているのです。

お客様は**「この会社に人生を預けられるだろうか」**と考えています。

「安心」を提供してこそ、真のプロなのです。

地域No.1ルール

単なる営業トークでは不安を払拭できない。
お客様に寄り添う「プロのカウンセリング」で「安心」と「納得」を。

世界一、入社して良かったと思える会社をつくろう

「働き方改革」が言われてすでに久しいですが、考えてみれば当たり前の話です。働く環境が悪かったらスタッフの士気が上がらないのは当然でしょう。

また働く環境いかんで、集まるスタッフの質も俄然違ってきます。

良いスタッフと一緒に良い会社をつくり上げるには、働きたいと思える職場づくりが重要です。私が下請けから元請けできる会社にしたいと思ったのも、「良い会社をつくりたい」と思ったからです。

「スタッフが誇りを持てる会社にしよう」

そのためには何が必要だろうか。

「誰でもわかりやすく、楽しく働ける環境にしよう」

会社が苦行になっては、良い仕事はできません。楽しみ、結果が見えてこそ士気は

上がります。その環境をつくることが、社長の仕事です。

そこで、社内で使えるコミュニケーションツールを導入しました。社内ＳＮＳのようなものです。

スタッフは、会社や社会に貢献できる何かをしたときに、このコミュニケーションツールに入力して他のスタッフや私に共有（アピール？）することで、ポイントがもらえます。そしてこのポイントを集めることで、有給休暇の日数を増やしたり、給与アップやキャリアアップの申請ができます。


スタッフの評価基準は、営業職はわかりやすく成績の数字で示すことができますが、事務スタッフなど「縁の下の力持ち」の業務は明確な数字では表せません。

そこで、私の会社では**評価行動をポイントで可視化**しました。

「トイレ掃除をした」「業務改善提案をした」「業務に関連する書籍を読んだ」「お客様からの問い合わせに回答した」「営業スタッフが客先に持って行く見積書を発行した」どんな小さなことでも、日々の働きを申請するだけでポイントが付きます。

こうすれば、誰が何をしたのかも一目瞭然です。スタッフとしてもたまったポイントを根拠に申請できるので、余計な気遣いをする必要がありません。

このツールを入れてから、スタッフ同士はもちろん、スタッフと私のコミュニケーションが増えました。

ゲーム感覚でポイントをためて、ＳＮＳのように気軽にディスカッションできる。楽しく働けて、評価や給与に反映するので、営業スタッフだけではなく、社内全体で会社の利益が上がるように考えることができます。


私の今の目標は「世界一、入社して良かったと思える会社をつくろう」です。

収益を上げるために人件費を削減するなんて、本末転倒です。

社員スタッフに投資すればするほど、売上は上がります。環境を整えることで、おのずと効率的に営業できるので、結果的に儲かる会社へと成長するのです。

地域No.1ルール

社員と社内環境への投資が地域１番店への近道。

「この会社で働けて楽しい！」と思える仕組みをつくろう。

勝てる場所で勝てる人脈を活かすことから始める

起業したばかりの時期は、顧客も見込み客もゼロなのは当たり前です。

だからこそ、地元の強みを活かすべきです。

親類縁者、向こう三軒両隣、**持っている人脈をフルに使い、見込み客**をつくっていきます。

あなたの会社が本当によいものを提供しているのなら、悪いことではありません。むしろ、遠慮することなく、自信を持って進めるべきです。

そう考えると、やはり新たにビジネスのスタートを切るのであれば、自分の知り合いが多いところから始めるのがベターでしょう。私は小学生からの取手育ち。親類も知り合いも同級生もたくさんいます。

下請けから元請けに転換した時の施工は、ほぼ親類縁者の案件です。しかし、その親類縁者の施工をどう活かすのか。ここが、経営者の腕の見せ所です。

私の場合は、施工に入る前の挨拶、施工中の整理整頓、施工後の挨拶は欠かしませんでした。

真面目に取り組んでいる姿を見せ、自分たちの仕事に対する態度・姿勢を知ってもらうことで、信頼関係を築こうと考えたのです。

そんな姿勢で出入りして挨拶を交わしているうちに、近隣の人たちが「この前、瓦がずれてるって言われたんだけど」「最近、雨漏りし始めて」と相談されるようになります。

この相談は新規案件獲得のチャンスなのですが、ここで一も二もなく飛びついては元の木阿弥です。

しっかりヒアリングして、プロの視点でカウンセリングします。

「あの会社は、こちらの話を聞いてくれて、しかも売り込まないんだよ。えらいねえ」これだけで、大きな信頼となります。

この**相談の積み重ねが、やがて本当の依頼を連れてきます。**

そして、真摯《しんし》な仕事をすることで、さらに顧客が顧客を連れて来てくれるはずです。

地元のつながりは、まったくの新参者よりも断然有利です。

勝てる場所で勝てる人脈を活かすことは、地域のナンバーワンになるために必須の戦略なのです。

地域 No.1 ルール

強い武器と勝てる戦場を正確に見極め、スタートダッシュを有利に。

1、3、5、7、10年と細かい定期点検を付ける理由

10年保証は今でこそ増えてきましたが、石井建装の創業当時は、10年保証を約束する塗装業者は多くはありませんでした。そして今、私の会社で取り組んでいる安心保証が、1、3、5、7、10年ごとの定期点検です。

正直な話をすると、これだけ細かい定期点検は必要ありません。10年保証をできるほどの品質なので、1年や3年で不具合が出るということは、考えにくいのです。それでも、時間とコストをかけて2年ごとの定期点検を行うのは、ひとえに**お客様の「安心」**のためです。

定期点検ではお客様の率直な意見を聞くことができます。もし不安に思っているのなら、不安に思わせてしまった原因は何なのかを究明する必要があります。

もし万が一にも不具合が出てしまっているのなら、不具合を二度と出さない対策を

考えなければなりません。

もちろん、この先の希望や考えもうかがいます。お客様の希望によっては、今できる提案をさせていただくこともあります。

常に１００点を目指し、お客様から**「石井建装なら絶対大丈夫！」**の太鼓判をいただくためには、定期点検を名目としたコミュニケーションが必要なのです。


また、アンケートでお客様の声を聞こうとした場合、どんなにメリットを付けてもなかなか返答を得られませんが、定期点検という名目なら、生きた声が聞けます。

我々が気付かなかったことを気付かせてくれる。回数が増えれば増えるほど、その機会は増えます。その声は、地域1番店になるための神の声です。

どんなに大変でも、お客様とのコミュニケーションに手を抜いてはいけません。

自分たちに耳の痛い声こそ、会社を成長させるために必要なのです。

地域No.1ルール

気付かない不安をそのままにしない！　積極的にお客様の声を聞く。

どんなに小さな相談でも応えるのが地域1番店の使命

2年ごとの定期点検では、本当に小さな相談を受けます。定期点検の前に電話がかかってくることもあります。

そんなとき、どんなに些細なことでも、私はお客様の家に向かいます。

小さな悩みでも積もれば山となります。小さなうちに取り除くことが、結果的に信頼を積み重ねる一番の近道なのです。

「瓦がずれてるって言われたの」。こんな詐欺訪問販売でも、向かいます。

瓦がずれてるなんて、絶対嘘だろうとわかっていてもカメラを持って屋根に上り、撮影をしてその画像を見ながら説明します。

それで安心して、次にまた同じような「瓦がずれてますよ」と訪問販売の業者が来ても、「うちは石井建装さんに任せているので後で見てもらいます」とお客様が言えるようになるまで、**お客様の不安を解消**しに行きます。

「この見積もり、どう思う?」。呼ばれて行ってみると、他社様の見積もりを見せられることもあります。そんなときでも、我々はプロの視点で他社の見積もりをチェックします。

それがお客様の本当に求めているもので、良いものであれば「大丈夫です。任せてみてはいかがでしょう」と、伝えます。

もしよくないものだったら、何が不安なのかヒアリングして、次に来たときは何を聞くべきなのかをアドバイスします。そこで、その他社を選んだのであれば、我々に足りない何かがあったということです。

こうやって小さな信頼を積み重ねていけば、そのお客様からすぐに依頼が来なくても、塗装が必要な人を紹介してくれたり、時が経って戻ってきてくれたりします。千里の道も一歩より。ナンバーワンへの道も、その小さな相談から始まります。

地域No.1ルール

小さな相談が積み重なって安心と信頼となり、大きな施工へと実を結ぶ。

「お客様の喜ぶ顔を見たい」が原動力になる

お客様からの「ありがとう」の声を聞きたくて元請けに転換したお話をしましたが、この「ありがとう」に付いてくる**プライスレスのご褒美**がお客様の「笑顔」です。

まだ下請けの仕事をしていたころでした。

とあるお宅の塗装を依頼されて行ってみると、失礼な言い方ですが、お庭がかなりボロボロの状態でした。

「お庭、そのままなのですか？」

「庭は雨漏りには関係ないから、いいよ、そのままで」

下請けですからそれ以上のことは言えません。言われた仕事だけしました。出来上がると、塗装した部分だけがきれいで、当然ですが、あとは元のまま。

「せっかくいいお庭なのに、もったいないな」と思いましたが、そのまま何も言えず仕事を終えました。

何年か経ってその家の前をたまたま通りかかると、庭や家が見違えるようにきれいになっていました。

何があったのか気になり、早速そのお宅に突撃して、何年か前に塗装をやった者ですと名乗ると、覚えていてくれました。

「とても丁寧にきれいに塗装してくれたから、ほかの部分の見劣りが気になってしまったんだ」

「どこかの施工会社に頼んだのですか？」

「いや、自分でＤＩＹグッズを買ってやってみたらハマっちゃって。やってもらった塗装に合わせてどんどんきれいにしちゃったんだよね」

そのお客様の笑顔がとても良くて、本当にうれしかったです。

私の塗装がきっかけで家に対する思いが深まった。ということは、

「私の塗装がお客様の心を塗り替えた」

ということなんですね。

本当に大切なことって、お客様の喜ぶ笑顔なんじゃないか。

このお客様から教えられました。

私の会社のビジョン「世界をワクワクで塗り替えよう」は、この大事件からの学びなのです。

地域No.1ルール

お客様の喜ぶ笑顔が、お金よりも大きな価値をもたらしてくれる。

お客様に愛される3条件は、挨拶・整理整頓・清潔

お客様とのファーストコンタクトは、大変重要です。そこで見られるのが、**挨拶・整理整頓・清潔の3つ。**この３つのうち、どれが欠けてもダメです。３つ揃って初めて、第一印象の及第点をクリアできるのです。

まず挨拶です。最初はこれしかできなくても構いません。

「こんにちは！　何かお困りごとはありませんか？」

こう爽やかに話しかけられて、「二度と近寄らないでほしい」と思う人は、まずいませんね。少なくとも、「元気だったな」という印象は残せるはずです。

次に整理整頓。これは、現場に出ている職種なら、もはや仕事の一環です。仕事ができる人の机がきれいなのと同じで、仕事ができる職人の材料置き場は整頓されていますし、数字が取れる営業パーソンの鞄の中と車の中はきれいで、靴はよく

磨かれています。仕事ができて気が回る事務スタッフのPCのデスクトップはきちんと整理されています。

世の中の印象は、そうできています。逆に言えば、整理整頓がなされているだけで、信頼を得ることができるのです。

最後に清潔。塗装業は塗料で汚れてしまうことが多いのですが、作業着はできるだけ早めに交換するように伝えています。またスタッフにはポロシャツを支給しているのですが、できるだけくたびれ過ぎない程度のところで交換します。

くたびれて汚れた作業着は、それだけで、仕事までもくたびれて汚れたように見えてしまうのです。

この3つの条件は、**お客様との円滑なコミュニケーションを心がけていれば、おのずと身に付く**ものだと、私は思います。

相手を知りたい、相手に喜んでもらいたい、相手とハッピーを共有したいと思っていたら、見た目で避けられたくないと考えるはずです。

相手に近づいてもらいたい、相手を怖がらせたくないと思えば、身だしなみをきちんとして、挨拶をします。
効率的な仕事ぶりを見てほしいと思えば、仕事しやすい環境をつくるために整理整頓するでしょう。

挨拶・整理整頓・清潔は、コミュニケーションの基本です。
相手を知りたい、相手に喜んでほしいと思う気持ちは伝播《でんぱ》します。
その思いを見える形にしたものが、挨拶・整理整頓・清潔の3条件なのです。

地域No.1ルール

現場の乱れは心の乱れ。
相手への思いやりがあれば、挨拶・整理整頓・清潔はおのずと身に付く。

第5章

集客は
口コミ、
ポスティング、
看板が効果大

商圏10万人以内は生の声の口コミ戦略が有効

ビジネス界隈では古くから有効とされている口コミ戦略ですが、時代と共にその方法も変わっています。石井建装でも、Googleの口コミに書いてくれたら割引、アンケートの声をサイトや広告に使わせていただけたら還元など、口コミを増やすためのキャンペーンをしています。

でも、「地域に合った」口コミ戦略とはこの方法ではないと、私は思っています。

商圏10万人以内の多くは郊外の市町村です。そこで活きるのはネットに載っている口コミではなくて、**隣近所、知り合いから聞く「生の声」**です。目につくのも、地域新聞やローカルなラジオ番組などのアナログ媒体に掲載されている情報なのです。

生の声の口コミ戦略は、ネット時代の現代では難しいと感じるかもしれません。しかし、口コミしたくなる感情の出どころを考えれば、おのずと答えは出てきます。

社員には、お客様の幸せを第一に考えて仕事をしていれば、自然と紹介が増えると伝えています。

満足度がＭＡＸで「よい買い物をした」と感じれば、人は誰かに自慢したくなるものです。口から口へ評判は広がり、評判が評判を呼ぶのです。

とはいえ、やはりスタートアップのころは意図して口コミを誘導しなくてはなりません。私は、その地域限定で**「無料診断」**をやりました。

「塗装などリフォームが必要かを無料で診断するので家を見せてください」と提案するのですが、大抵は警戒されます。

それでも「診断してほしい」という人は何らかの不安があるからです。

したがって、提案をしても受け入れられやすく、話を聞こうとしてくれます。効率よく見込み客を見つけることができます。

この無料診断で依頼や紹介につながったのは、２割くらいです。業界の打率としては、高い部類ではないでしょうか。

無料診断をするうちに、「うちは今必要ないけど、知り合いの家を見てほしい」と紹介にもつながりました。

無料でも妥協しない**「お客様の幸せ」と「満足度」**を追求した診断と提案だったからこそ、口コミが広がり、紹介をいただけたのだと思います。

反対に、無料診断で売りつけようという意識しかなければ、「あの会社、隙あらば押し売りしてくる」という口コミがあっという間に広まったでしょう。

小さな地域での口コミ戦略は、小手先のテクニックではすぐに見破られます。

お客様とリアルに向き合い、生きた言葉をいただくことが、小さな地域での有効な口コミ戦略なのです。

地域No.1ルール

極小商圏はリアルな人間関係を念頭に置いた口コミ戦略を。
売り込みせず、話したくなるサービスが成功のカギ。

新聞チラシにするか、直接のポスティングにするか？

極小商圏には、オールドメディアを使ったアナログ手法が有効です。

そこで迷うのが、新聞折り込み広告とチラシのポスティング。どちらの方が効果的でしょうか？

結論から言うと、それぞれに効果があり、どちらもやるのが正解です。

ただし、**用途を分けて最大の費用対効果**を狙いましょう。

私が最初に参入したエリアは、２０００世帯ほどの地域でした。規模で言うと、感覚的ではありますが、町内の1丁目と2丁目の範囲というところでしょうか。

そこは大きな家は少なく、戸建てがコンパクトに集まっている新興住宅街でした。単価はさほど大きくありませんが、当時社員が３人ほどだった私の会社には、ちょうどよい規模です。

そこでは、社名と業務内容を知ってもらおうと、週に一度、この地域に絞り徹底的にポスティングして回りました。

そして口コミ戦略も同時進行です。その地域に住む親類や友人の家を施工したり、無料診断をしたり。そうこうしているうちに、口コミが広がりポスティングチラシの反応率が高くなり、あれよあれよという間に、1年後には1億5000万円を売り上げていました。1年で地域1番店になってしまったのです。

ポスティングは、1年間はその地域に徹底して、2年目からは少し拡大して、3年目は隣の地区に広げて、と徐々に大きくしていきました。

大切なのは、**一度ポスティングし始めた地域ととことん向き合うこと。**

小さな相談でも聞き逃さず、信頼の種まきだと思って、じっくりと育ててください。

一方、新聞広告や折り込みチラシは「外壁塗り替えセミナー」の告知に使いました。こちらは、広く浅く、しかも信頼性高く発信できます。フランチャイズ元が立ち上げた「一般社団法人市民講座運営委員会」の名前で出すので、レベル感として新聞折り込みと相性が良いのです。

このセミナーの告知が手差しのポスティングでは、やはり信頼性に欠けます。

営利目的ではない活動とうたっているからこそ、広告費を投じても信頼性の高い媒体を使います。

セミナーに参加するお客様も、「無料セミナーに行ったら売り込まれそう」と不安になり壁をつくっています。しかし、市民講座として新聞に広告を出し、「無料セミナー」とうたい公共施設を使うことで、**「リスクの高い押し売りはしないだろう」**と思ってもらう効果があるのです。

新聞折り込みチラシもポスティングチラシも、どちらもそれぞれに長所があります。顔が見えるポスティング、信頼性の高い新聞折り込み、バランスよく上手に使い分けましょう。

地域No.1ルール

新聞折り込みは公共性、ポスティングは親近感。
ひとつの地域とじっくり向き合い正しい使い分けを。

400万円の費用で1億5000万円の契約を獲得

地域性や業界にもよりますが、チラシの費用対効果はよくて1割、概ね5〜8%です。1億円の売上達成のためには1000万円、1億5000万円の売上なら1500万円を広告に投じる必要があると考えられています。

私は、初年度で1億5000万円の受注を達成しました。かかった広告費は、年間たったの400万円です。

前の項目で、新聞折り込みとポスティングのお話をしましたが、実は私の場合、ポスティングの方が圧倒的に多かったのです。

後で詳しく書きますが、地域の郵便局で行う相談会の集客もポスティングチラシでした。私にとって、**直接お客様と会って、話して、答えて、**という一連の流れをつくるには、チラシの方が、効果的だったのです。

では、どのようなチラシをつくれば1億円を売り上げられるのでしょう?

それは、それぞれの地域によって違います。「こうつくったからいくら売れる」というものではありません。強いて言えば、その地域のお客様に刺さるチラシならば、1億円の依頼がやってきます。では何が刺さるのか。

それも、お客様に聞いてみなければわかりません。つまり、現場に行って、歩いて、お客様と話して、**潜在的な不安や悩みを引き出す**しかないのです。

チラシをまき始めたとき、話題に上っていたのが「訪問販売で来た業者の見積もりのままに塗装してしまった」でした。それこそ「瓦がずれてますよ」でだまされてしまった高齢世帯がとても多かったのです。

塗装業を警戒している方々に、いくら塗装技術の高さを説いて回っても、うさん臭いだけです。

この地域でうちのお客様になってくれるターゲットといえば、どこだろう。

会話の中では「もう、塗装はしない」「もしやるのなら、最後の塗り替えにしたい」という声を聞きました。

そうであれば、私ができることは「塗装で一度失敗した人」に、後悔させない塗装を施すことです。そこに気付いた私は、その層にだけ向けてチラシをつくりました。

「もう二度と塗装で失敗したくないあなたへ」

これが当たりました。ターゲットとキャッチコピーがピッタリと合った瞬間です。

成功するチラシは、一度で仕上がるわけではありません。反応を分析し、ＰＤＣＡを回して出来上がるものです。

まずはひとつつくってみて、足で歩いてポスティングしてみる。一度ポスティングすると何らかの反応があるでしょう。私たちの目的はきれいなチラシをつくることではありません。売れるチラシをつくり、お客様に反応してもらうことです。

高いツールや見た目のよいだけのクリエイティブな広告は必要ありません。

まずはつくって配り倒す。話はそこからです。

地域No.1ルール

最初から高いお金をかけた広告は不要。お客様の声を積極的に取り入れ、「売れる」チラシをつくろう。

リフォーム会社で売上No.1の女性は同じ家を2回訪問

興味深い話を聞きました。とあるリフォーム会社の女性の営業パーソンは、断られた家にアポを入れて、もう一度訪問しているというのです。

断られた家にもう一度行くなんて、いかにも効率の悪い方法です。しかしその女性は、この方法で売上ナンバーワンを取ったといいます。

「今は都合悪いから、話は聞けないよ」

「明日はいらっしゃいますか？」

「明日は、いるかもしれないけれど」

「じゃあ、明日のお昼休みに参ります」

そして次の日のお昼休み。

「え？　本当に来たの？」

「はい！　昨日、お昼休みに来ますって約束したじゃないですか」

お客様の常套のお断り台詞を逆手にとり、「約束」と虚を衝いています。この方法で成功するターゲット層は、経営者や自営業ではないかとは思うのですが、なかなか憎めない方法です。

この先の提案が、真摯でよいものであれば、お客様の記憶にしっかり残るでしょう。

リフォーム業界の訪問営業は大変に難しく、人の弱みに付け込む営業「瓦がずれていますよ」手法を取りがちです。

私の「無料診断」も、初めて訪問された家にしてみれば、怪しいことこの上なかったのではないかと思います。

お客様の抵抗を突破できたのは、普段の挨拶であり、お客様の幸せに真剣に向き合った仕事ぶりであり、お客様のニーズに合わせたチラシのポスティングがあったからです。

2回目の訪問で驚かせた女性も、訪問する前にポスティングチラシやアンケートなど、下準備をしていたからこそ**「話を聞いてみようか」**となり、何よりそのお客様の満足度を追求した提案や見積もりがあったから成功したのではないでしょうか。

それに、「じゃあ、話を聞いてみよう」となる人は、多かれ少なかれ、今の家や社屋に何らかの不満を抱いています。

件の女性営業員は虚を衝きつつ、見込み客から巧みにニーズを引き出し、話を聞く態勢へと誘導しているというわけです。

訪問営業は、数字だけを追い求めると「瓦がずれてます」という、人の弱みに付け込んでしまうことが往々にあります。

「絶対によいものなのだから、話だけでも聞いてほしい」と思うのなら、まずはお客様の抵抗を突破するための作戦が重要なのです。

地域No.1ルール

営業に焦りは禁物。
抵抗を取り除く種まきと水やりで「数字」ではなく「信頼」を育てよう。

立て看板の複数設置は「ザイアンス効果」を狙う

「ザイアンス効果」をご存じでしょうか?

これは、**同じものに何度も接触しているうちに、それに好意を抱くようになる**という心理学の法則で、マーケティング手法にはよく取り入れられています。

実は私はこの言葉を知らなかったのですが、自然とザイアンス効果をマーケティングに取り入れていました。

それが、看板の設置です。

取手市には、弊社の看板が15か所にあります。通行のポイントになる部分に設置しているので、取手市から出るときも、取手市に入って来るときも、石井建装の看板をどこかで目にするはずです。

地元の友達にも「お前の会社の看板、あり過ぎだよ」と言われています。それだけよく見られているということでしょう。

この看板のうち、最初に立てたのは**デジタルサイネージ**でした。普通はアナログの看板で反応率を見るものですが、私は最初からデジタルサイネージを採用しました。

看板を立てたのは、２０１９年に開店したショールームに誘導するためです。ショールームのある場所は、多くの取手市民で混み合う大きなスーパーの前という好立地です。

取手市民の足は車です。スーパーに入る前、出た後には、一時停止の箇所があり、必ずショールームの前で一旦車が止まります。

その一時停止のチャンスに看板に目を向けてもらおうと考えたのです。そのためには、静止画よりも動画が断然目を引きます。

どう考えても、デジタルサイネージ一択です。

ショールームを取り囲むように看板を7か所に出して、オープンイベントのチラシをポスティングしました。

かつての顧客層には招待状を出して、併せて新規のお客様の紹介をお願いしたりもしました。

その結果、なんと75組のお客様の来店が実現！　この時、売上が年間で1億５０００万円くらいだったのですが、この月の売上は３０００万円超えです。

営業スタッフ一人でこの月商ですから、ショールームと看板の相乗効果には私も驚きました。

効率を極めることで、営業スタッフ1名でも３億円を売り上げられると気付くきっかけにもなりました。

前途したように、今、私の会社の看板は市内15か所にあります。いずれも住民の行動パターンや交通量、渋滞時間などをしっかり調査し、ベストな場所に設置。店舗カラーのオレンジを基調として、ヒロミさんにも登場してもらっています。

だから、数は決して多くはないものの記憶に残りやすく、「あり過ぎ」と思われるのだと思います。そのうち看板を見るのが当たり前となり、イメージカラーのオレンジ色やヒロミさんを見たら「石井建装」を思い浮かべるようになります。

ついには、取手市内を車で移動しているだけで、**「取手市の塗装といえば石井建装」**

となります。これぞ、ザイアンス効果です。

私の集客戦略は、いわゆる今どきのＤＸでもＡＩでもＳＮＳでもありません。ポスティングチラシに看板、ショールームというアナログな戦略です。

しかし、アナログはアナログにしかできない効果を発揮します。

売上３倍増だって、可能なのです。

地域No.1ルール

集客できる看板は住民の行動パターンを先回りして、何度も見てしまう場所に設置しよう。

紹介制度の活性化にはわかりやすいメリットを

いわゆる「紹介ルート」ができると、営業はグッとやりやすくなります。お客様がお客様を連れて来てくれて、しかもお目にかかるときにはすでに高確率な見込み客なのですから、紹介しやすくなるシステムづくりは必須です。

石井建装では、紹介していただいたお客様にクオカードを差し上げています。キャンペーン中は2万円分、それ以外のときでも1万円分はお渡しします。金額でのお礼は一番わかりやすくて、しかもクオカードならコンビニエンスストアでも使えますから、お客様から喜ばれます。

この話をお客様が紹介者にして、その紹介者がまたお客様を連れて来てくれるというサイクルが生まれます。わかりやすさが一番です。

ところで、このようなときにやりがちなのが、クオカードに店名を入れたり社長の顔を印刷してみたりと、お礼のクオカードにまで広告機能を付けてしまうことです。使うたびに、クオカードが広告となってくれるようにと、欲を出してしまうのですね。

しかし**私がお渡しするクオカードは、普通のカードです。**会社のロゴも私の顔も印刷していません。せいぜい、会社の封筒に入れて渡す程度です。

「せっかくの広告の機会なのにもったいない」

そう思う方もいるかもしれませんが、私なら「そこにお金を使うのだったら、紹介してくれたお客様にその分を還元したい」と考えます。

またお礼に渡すタオルにも、「石井建装」といった社名も何も入れていません。タオルに**店のロゴを印刷するお金があるのだったら、タオルの質を上げよう。**そう考えて、配るタオルは今治タオルです。

余計なロゴが入っていない上に、あの高級ブランドの今治タオルですから、お客様は喜びます。

そしてやはり、外で「石井建装で見積もりをお願いしたら今治タオルをもらった」と、広めてくれるのです。

人は、動いた感情と記憶が連動します。クオカードでもタオルでも、そこに店名が入っていたら「邪魔なものが入っているな」と感情が動き、「営業に必死」という印象が残ってしまうかもしれません。

しかし、シンプルでお客様の使い勝手の良さと笑顔だけを求めたものなら、**「本当に満足度ナンバーワンを目指しているのだな」**という記憶が残るでしょう。

お客様の大切な人に、自信を持って石井建装を紹介してほしい。

紹介のシステムにも徹底して、お客様満足度ナンバーワンを目指しています。

地域No.1ルール

認知度を上げるのは会社のロゴではなく「幸せ」「うれしい」という感情。笑顔の共感が紹介を呼ぶ。

地域の人が集まる郵便局イベントが信頼の証しとなる

コンビニ大手のファミリーマートが、埼玉県川越市の郵便局に無人店舗をオープン。そして、茨城県稲敷市の郵便局には自販機2台分ほどの商品棚を置いて、ミニ店舗を始めたそうです。

これは、空きスペースを有効活用したい郵便局と、地域の人が集まりやすい場所として、郵便局での店舗展開を考えたファミリーマートの思惑が一致して始まった取り組みです。

このような常設の店舗ではなくても、簡単なイベントのためにスペースを貸し出してくれる郵便局があります。

実際に私も、地元の郵便局を借りて、「屋根と外壁の塗り替え相談会」を実施しています。

コロナ禍の前は、月に4回ほどのペースで実施していました。

実は、郵便局でのイベントにはいろいろなメリットがあります。

まずひとつは、ファミリーマートの着眼点と同じく、**地域の人が集まりやすい**ということです。現金の出し入れや郵便物の発送など、いろいろな用事で郵便局には多くの人がやってきます。もちろんイベントの前には、チラシを配布したりホームページで告知はしますが、それに加えて、自分から積極的に呼び込みをしなくても、集客ができるというわけです。

「イベントのことは知らなかったけれど、たまたま郵便局に来たらイベントをやっていたので話を聞こうと思った」というお客様とも話ができます。

また、その場では話をする機会がなくても、後日「郵便局のイベントで見かけたので」と相談にみえるお客様もいらっしゃいます。

多くの人の目に触れるという意味で、郵便局でのイベントは大きなPR効果があるのです。

さらに地方都市では、**「郵便局」に特別な信頼感**をおいている方が多くいらっしゃいます。

そのため、同じイベントであっても、郵便局で実施する場合と近隣のレンタルスペースを借りて実施する場合とでは、お客様の信用度に大きな差があります。

郵便局は、どこの誰かわからない〝一見さん〟には場所を貸してくれません。

つまり、郵便局でイベントができるということは、その業者にはしっかりした信用力があるということなのです。

地方都市では郵便局でイベントを実施することで強力なＰＲと信頼度の向上が実現できます。これを活用しない手はありません。

地域No.1ルール

公共機関でイベントができるのは信頼度の証し。

地域から愛されているというメリットを活かそう。

聞き上手になってお客様から「刺さる言葉」を知る

ポスティングチラシに「刺さる言葉」を入れて地域1番店に王手をかけた話をしました。

「その刺さる言葉がわからないから困っているんだ」という声がありそうなので、どうやって刺さる言葉を引き出すのか、私が実践していることをお話ししましょう。

元々私は人が好きで、会う人には常に**「どんな人なんだろう」「何をしたら喜んでもらえるだろう」**という好奇心を抱いてしまいます。

その好奇心を持って素直に会話していると、いつの間にか「刺さる言葉」を相手が教えてくれます。

もう少し詳しくお話ししましょう。

「もう二度と塗装で失敗したくないあなたへ」のキャッチコピーは、お客様との会話の中で生まれました。

このときの私は「高い技術」をわかってもらおうと躍起でした。私は職人だったので、自分がどれだけ高い技術を持っているのか、他社と比較してどこが違うのかを一生懸命に説明しようとしていたのです。

しかし、「技術の高さ」は、同じ職人同士ならその違いを理解できますが、塗装を知らないお客様にとっては、腕の売り込みにしか聞こえません。これでは、警戒心を募らせてしまうだけです。

そこで、**目の前の相手を知るための会話に切り替えました。**

塗装に関係ない話もします。駐車場に新しい車があれば「買い替えたんですね。いい車ですよね」、玄関にゴルフバッグがあれば「ゴルフするんですね」、庭の花が咲いたなら「何ていう花なんですか」。

相手への好奇心が先ですから、塗装に関係なくてもいいのです。

たまに塗装やリフォームに関連する話になったら、そのときには「自分は職人なのでわかるのですが……」と、プロとしての見解をお伝えします。そして「もしまた気になったら、その時は私に相談してください」と一旦、引きます。

すると相手は「いや、実はさ……」と話し始めます。

すでに関係性ができていて、しかもプロが目の前にいる。

ここでようやく、「話しても大丈夫かな」と感じていただけるのです。

できる営業マンは聞き上手と言います。異性にモテる人も聞き上手だといいますね。

人は、自分に興味を持ってくれる人に好印象を抱きます。自分のことばかり喋っている人とは、2回目のデートはありません。

刺さる言葉を引き出したいのなら、まずは相手に興味を持つことです。

自分に興味のない人を、人は好きにはなれないのです。

地域No.1ルール

「刺さる言葉」を引き出すには聞き上手に徹すること。

「みんな買ってくれています」というバンドワゴン効果

日本人は行列が大好きです。「行列ができる」と聞いただけで、流行っている店だと認識します。

「行列ができる＝たくさんの人が支持している＝欲しい！」となる心理状況を、「バンドワゴン効果」といいます。この行列効果は、塗装業でも有効でした。

１章で「８か月待ち」をつくり集客につなげた事例を挙げましたが、これはバンドワゴン効果を狙っています。「行列ができている」と知った途端に「早く依頼して行列に並ばなくちゃ」と思わせることができるのです。

商談がある程度まで進み、クロージングの段になったとき、「８か月待ち」が発揮されます。

「いい提案とは思うのだけど……」

「ですよね。先ほどのお客様もこちらでお決めになりました。でも、実は今、たくさんのお客様に発注いただいているので、施工まで8か月ほどお待ちいただいているんですよ」

「え？　すぐにできないの？」

「はい。順番ですので。でも、今予約していただければ、確実に8か月先に施工できます」

こうすると、よっぽど急いでいない限り、行列に並んでいただけます。

「これだけの人が待っているのだから間違いないだろう」と感じつつ、「今を逃したら次のチャンスはもっと先になってしまうかもしれない」という心理が働くのですね。

それでも「前に来た会社では、同じものを来週できるって言っていた」と食い下がるお客様もいます。

そういう場合は「早い施工をご希望であれば、対応可能な他社様にご相談していただいたほうがいいかもしれません。うちは一件一件、私が施工するので、どうしても時間がかかってしまうんです。ただ、塗装の品質については間違いないことを保証します」

業界を知っているからこそその情報を伝え、ここで8か月待つメリットを伝えます。

「家の塗装は、一生のうちに2、3回です。35年もローンを組んだ大切な家の塗装を、あまり仕事の依頼がない職人さんに任せるなんて、私にはできません。私なら8か月先になっても、大切な家に最高の塗装をいたします」

こう話をして納得してくれたお客様は値切りません。それでも値切ったり早くしろと言ったりする人は、その価値観に合った業者に頼んだ方が、皆ハッピーになると思います。

行列を見せることで、潜在的な悩みを持っている人は惹きつけられます。

それによって、適正価格でのクロージングが実現できるのです。

地域No.1ルール

行列ができる法則は塗装業や工務店にも有効。「ここじゃなくちゃ」「今じゃなくちゃ」を訴求しよう。

儲かっている会社は地元の店で買い物をする

「人脈をつくるために積極的に地元の店舗で買い物をしよう」

営業ノウハウ本に必ず書いてある方法です。

しかし、私は「人脈をつくるため」だけで動いていては、本当のつながりはできないと思います。

人は下心に敏感です。「知り合いになって、ここに来る客に営業しよう」「ここでご飯を食べて仕事をもらおう」と考えていては、すぐに見透かされます。あっという間に、「売り込みされる」とよくない評判が広まってしまうでしょう。

私は地元の取手市で買い物をします。

それは、ここが商圏だからではありません。純粋に、**地元にお金を落として、地元の経済に貢献**したいからです。

私の会社を信用して、塗装を依頼してくれたお客様が住む町です。そのお客様が住んでいる町に恩返しをしたい。稼がせてくれたお金で町を潤したい。

地元での買い物は「富の循環」なのです。

もちろん、地元のお店を使うことでつながりができることは確かです。

私の会社でよく使う居酒屋でアルバイトしていた学生は、卒業する際に、「石井建装で働きたい」と言ってくれました。

取手市の若者の多くは東京での就職を望みます。そんな中で、地元の企業に勤めようとしてくれる学生がいる。地元の雇用促進に貢献できていたと、とてもうれしく思いました。

よく行くお店の店主は、私の仕事のことを知っています。そして通っているうちに、そのお店から「家の塗り替えをしたいっていう人がいるけど」と連絡をいただくことがあります。

施工が決まれば、そのお店にお礼に行きます。そのお店も、お客様から感謝されたとうれしそうに報告してくれます。

お金だけではなく「ありがとう」という「富」の循環が始まっているのです。

地元から受けた富を返して循環させる。やがて与えた富が返って来る。

商売は人と人との出会いであり、お金はエネルギーの交換です。地元経済を回すことも、地域1番店のプライドです。

地域No.1ルール

富は奪うのではなく循環させるもの。地元経済に貢献して富の輪を広げよう。

第６章

小さい地域で圧倒的なシェアを取ってはいけない

地元で圧倒的に一人勝ちしてはいけない！

大河ドラマ『どうする家康』で、織田信長でさえも「戦ってはいけない相手」と恐れた戦国武将、武田信玄。誰もが戦を避けようとした武田信玄には、完膚なきまでに相手を叩きのめすイメージがありますが、実は、そうではありません。

信玄は、こんな言葉を残しています。

「およそ戦というものは、五分をもって上とし、七分を中とし、十分をもって下とす」

これは、勝ち過ぎることによって生まれる驕《おご》りや油断を戒めたものと言われていますが、地域No.1店のあり方を考えた場合、別の意味もあります。

限られた地域の中でひとりが勝ち過ぎると、仕事が回ってこなくなった同業者からの**「ねたみ」「そねみ」**は避けられません。

いずれ、よくない噂を流されたり、思いもよらぬ反撃に出られたりと、仕事への悪影響につながるおそれが十分にあり得ます。

そうならないよう、地域No.1を達成したり、また十分にその実力があると自負するのであれば、同業者への〝心配り〟を忘れてはいけません。

地域の仕事を総取りにはせず、ある程度、**他の業者のために余白を残しておく**ことが重要です。

同じ地域でしのぎを削る同業者は、戦って倒す相手ではありません。よりよい商品やサービスをお客様に提供できるよう、切磋琢磨《せっさたくま》するよきライバルです。

私も、同業者とボランティア活動に取り組んだり、情報交換をしたり、いろいろな面で協力し合っています。地域の同業者は、ライバルであり、同時に何かあったら助け合う仲間です。

信玄の死後、跡を継いだ武田勝頼は、さらに領地を拡大するなど勢いを増していきますが、長篠の戦いで徳川家康と織田信長の連合軍に大敗すると、家臣の離反も相次ぎ、やがて武田家は滅亡することになりました。
いざというときに味方になってくれる武将がいなかったのでしょう。

勝ち過ぎて、必要のない敵をつくらないこと。
これは、長く続く地域密着ビジネスのための重要なポイントです。

地域No.1ルール

地域のシェアをすべて奪い取ってはいけない。
恨みのエネルギーは思わぬところで悪影響を及ぼす。

地域ナンバーワンは業界全体を強くする役割がある

武田信玄も織田信長も強過ぎるあまり、自らを滅ぼしてしまったわけですが、企業においても一人勝ちは孤独ですし、地域にとってもよい流れにはなりません。

これは塗装業や工務店だけではなく、どの業界にも当てはまることだと思います。

地域経済を活性化させることも地域1番店のプライドだとお話ししましたが、これは業界を牽引する役目を担っていることともいえます。

一人勝ちというのは、里山を荒らすことと同義です。

里山は、資源を管理し森林を守り、生き物と共存します。その山にある資源を根こそぎ刈ってしまっては、残るのは荒廃した山と町だけです。

人は住まなくなり商業は衰退します。当然、業界も撤退せざるを得ません。

一人勝ちしていた企業も、市場が育たないのですから次の狩り場を見つけに出るしかありません。

誰も得をしないのです。

地域1番店は、その業界が発展し、**町全体が活性化するように仕事をシェア**します。その地域を得意とする店があれば、その店に任せます。次世代育成もします。業界向けのセミナーもやります。

ボランティア活動もその一環です。

同業他社と一緒に行う、公共施設や福祉施設の塗装・リフォームのボランティアは、地元への貢献になると共に、情報交換の場にもなります。

実際、参加している経営者たちは、若い世代に営業や経営のノウハウを惜しみなく伝授します。

彼らは「会社が儲かってないとボランティア活動はできない。ボランティアの活動を今後も業界で続けてほしいから、利益を出せる方法を次世代に伝えているんだ」といいます。

そして、教わった彼らがまた次の世代に伝えていきます。

シェアしてお互いに助け合うことで、業界が発展し、巡り巡って自分自身も恩恵を受ける。**地域の同業他社はいわゆる、協同組合**なのです。

豊かさが循環することで、お金も循環します。

地域ナンバーワンは勝者ではありません。

業界発展と市場を育てるリーダーなのです。

地域No.1ルール

業界を盛り上げることで、富は循環し連鎖する。
すべて刈り取るのではなく、みんなで分け合える市場を育てよう。

大きなエリアを狙うと強敵にやっつけられる

小さい地域の1番店が見えてくると、大きな地域に挑戦したくなります。その気持ちはよくわかりますし、挑戦あってこそのビジネスですから反対はしません。

しかし、できるなら、**強敵に挑戦できるだけの力**を持ってからにするべきです。そうでないと、そこのナンバーワンにコテンパンにされて、下手をすると再起不能になってしまうからです。

もう一度、戦国時代の例でお話をすると、武田信玄は最強の戦国の覇者でした。そしてその息子の勝頼も信玄の教えを忠実に体現する武将として成長しました。

しかし「長篠の戦い」で、武田勝頼は織田・徳川連合軍に大敗します。

なぜか――。

勝頼には決定的な弱みがあり、彼自身その弱みがどれだけの大きさなのか、わからなかったからです。

山深い甲斐の国の武田軍には、豊饒《ほうじょう》な土地も港もありませんでした。国内の情報は優秀な諜報部隊から得ていましたが、港がないため鉄砲も火薬も入手できません。海がないため十分な兵糧も準備不足となります。上杉謙信が武田信玄に塩を送った話は有名ですが、経済封鎖に大変弱い立場でした。

勝頼は十分な武器も兵糧も準備できないまま、信長の三千挺の火縄銃の前に屈しました。彼が織田信長に立ち向かうには、資金も土地も能力も及ばなかったのです。

ビジネスも同じです。小さな世界で一番になったとしても、狙っている大きなエリアでナンバーワンに立ち向かうその力が備わっていなければ、きっと勝頼のように、**叩きのめされてしまう**でしょう。

そのエリアのナンバーワンには、ナンバーワンに控える多くの企業と、その顧客がいます。いうなれば、そこに戦を仕掛けるわけです。

そこに住む多くの住民にとって、挑戦者はよそ者です。そのエリアのナンバーワンの顧客であれば、侵略者とみなすこともあるでしょう。

大きなエリアで大きなナンバーワンに挑戦しようとするなら、資金力も経営力も、さらにはビジネス倫理も協働の精神も兼ね備えた状態になっていなければなりません。その力も備わっていないうちに入り込んでは、むしろ失礼にあたります。同等に話ができる状態になって初めて、挑戦者としての資格が得られ、ナンバーワン企業が抱えている顧客層も振り向いてくれるようになるのです。

地域No.1ルール

そのエリアのナンバーワンと渡り合えるだけの力をつけてから挑戦！そうでなければ、胸を借りることはできずに打ちのめされるだけ。

ライバルの存在が業界と地域経済を盛り上げていく

ナンバーワンになってからが本番です。

ナンバーワンになるまでは、その地域の横綱の胸を借りていれば稽古できます。しかし、横綱になってからは胸を借りる相手はいません。自分を律し、後輩を育て、知恵と技術の継承の使命があります。

ビジネスの場合、そこに土地の経済の発展に寄与するという役目ができます。

それは、ひとりでは到底無理です。一人勝ちしても、結局ダメになってしまうのは、業界もその土地の経済もダメにしてしまうからです。

そのときに必要なのが、ライバルの存在です。

ライバルがいるからこそ、ナンバーワンの会社が存在し得るのです。

実際に、ライバルがいなくなった場合をシミュレーションしてみましょう。

顧客はナンバーワン企業の商品しか選択肢がありません。壁の塗装が必要といえば、その会社にお願いするしかありません。価格も付け放題です。比較対象がないので手抜き工事し放題です。

結果、その企業は努力することなく、儲けを得ることができます。

しかし、時が経つにつれて住民たちはナンバーワン企業のからくりに気付き始めます。隣の地域の塗装店の方が、技術が上で適正価格であると知ります。

同時に、良くない営業をしていることが口コミされ、悪い評判は一気に広まります。

その企業の評判が落ちるだけならまだよいのですが、**「これだからあの業界は信用しちゃならない」**と業界の評判まで落としてしまい、その結果、近隣地域の同業他社にまで恨まれる存在となります。

荒らした地域の市場は落ち込み、同業他社は顧客の信頼回復から始めなければなりませんが、そのころにはかつてのナンバーワン企業の威光も消え失せ、どこの同業他社も受け入れてくれず、やがて業界を去ることになります。

どうですか。嫌ですね。孤独過ぎます。

ライバルと切磋琢磨しながら、時に競争し、時に共働する。この循環が、強い業界をつくり地域を豊潤な土地へと変貌させます。

ライバルがいるということは、業界、自分自身、そして顧客の成長につながります。

コロナ禍の時、県の塗装業者が集まり、地域もライバルも関係なく「県と業界を元気にしたい」と、ボランティアで共闘したことはお話ししましたが、そのように、背中を任せられるライバルがいた方が、物語の展開は熱くなります。

ビジネスだって同じなのです。

地域No.1ルール

ライバルはあなたと市場と業界を活性化させる仲間。共に高みを目指そう。

「日本一の企業」のマネをしてはいけないこと

成長する第一歩は「模倣」です。しかし、真似する対象を間違えてしまうと、大失敗してしまいます。模倣の対象も、やはり自身の成長と商圏に合わせてチョイスすることが重要です。

日本一の企業といえば、トヨタ自動車です。

ある程度以上の年齢の方であればトヨタの生産システムはよくご存じだと思いますが、実はこの方法は、他の企業の方法を模倣したものだと知っていますか？

不良品をつくらない**「自働化」**と、必要なものを必要な時に、必要な量だけつくる**「ジャスト・イン・タイム」**という2本の柱を持つ「トヨタ生産システム」は、アメリカのスーパーマーケットのシステムを模倣したものという説があるのです。

後工程である「客」が、前工程の「スーパーマーケット」に必要なモノ（部品）を必要なときに、必要なだけ買いに行くというシステムを、生産ラインに応用したのです。

では我々はトヨタから何を真似られるでしょう?

まずは地域一番店を目指すわけですから、この「ジャスト・イン・システム」の考え方を取り入れたいところです。

必要なものを必要な時にお届けする。そのためには、地域の市場調査が不可欠です。**トヨタの方式を、自分の地域に落とし込む創意工夫**が必要になります。

しかし、地域ナンバーワンを目指す場合にトヨタの真似をしてはならないことがあります。それは、広告の打ち方やマーケティングです。

世界のトヨタですから、打つ広告はイメージを重視した、雰囲気の良い感じのCMになっています。人気俳優やおしゃれなモデルを使い「カッコいい」を訴求します。

しかしこれを地域1番店が真似したところで「何を言いたいのかわからない広告」になってしまいます。

おしゃれな人物がピカピカの壁の横で、良い感じのBGMに合わせてポーズを取り、最後に映画の予告編のように会社のロゴを出しても、これを見ている人は「何屋なんだろう……？」となってしまいます。

マーケットの捉え方も、真似をしたところでひとつも利はありません。トヨタが考える商圏は「国」です。大きな漁場に大きな網を広げて捕りに行きます。

我々のような小商圏で大きな網を広げたところで、住民は自分のことだと思っていないので何もかかりません。

トヨタは、その時の会社の規模に合わせて模倣と試行錯誤を繰り返してきたからこそ、日本一になったのだと思います。

私も、身の丈に合った先輩の模倣をしながら共闘し、ともに日本一カッコいい塗装連隊を目指したいものです。

地域No.1ルール

大きな企業を真似るのなら自身の地域と能力に落とし込んでから。自分の立ち位置を見失わないよう注意！

地域のキーパーソンを見極めてビジネスを広げる

小さい商圏でナンバーワンを目指すのであれば、SNSマーケティングよりも看板やポスティングチラシが有効だとお伝えしてきました。

私の商圏である取手市は、アナログの方法を用いた集客方法と相性がよかったため、SNS発信への力量はアナログほどではありません。

そんな私でも、SNSを駆使する時があります。

地域のキーパーソンの動きを調査する時です。


地域で商売をするのなら、その土地の**カリスマ性を持つ人や影響力を持つ人**の協力を得ることが重要です。

しかし、新しい土地の場合、いったい誰がキーパーソンなのだかわかりません。

キーパーソンという存在は、目立った動きをしないからです。いつも奥に座り、市場や地域の社会を見ていて、いざという時に現れます。つまり、ラスボスなのです。その土地の有力者だと感じる人に会った後、私はその人のSNSを見ます。フェイスブックやインスタグラムなど、SNSによって違いはありますが、SNSにはその人の人脈が載っています。**その人脈をたどるのです。**

キーパーソンは経営者の他、自治体の長や議員などの政治家の場合もあります。精力的に活動している経営者は、やはりそういう人とのつながりが広いものです。

どういう人脈なのか、どんな共通の思考を持って交流しているのかを下調べして、再度会いに行きます。

そして、正直に「興味がある」と話して、つながりをつくるのです。

同じ哲学を持っていれば友達になれます。

何より、相手をリスペクトする気持ちを隠さずに接することで、相手もこちらに興味を持ってくれます。

キーパーソンとのつながりは、ビジネスの可能性を広げ、つらいときも助け合えます。

特に、**他業種の「すごい人」との出会いは、ビジネスに化学反応を起こします。**

ひとりでは絶対にできないことも、共闘することで可能になるのです。

コロナ禍で、オンラインが持つ可能性は大きく広がったと思います。

ネットで得られる情報があり、メールやメッセージのやり取りが可能なら、どんどん利用しましょう。

反対に、自分もSNSでの発言をチェックされているということもお忘れなく。

地域No.1ルール

地域のキーパーソンを見つけるのならSNSの調査が手っ取り早い。使い分けて効率的に人脈を広げよう。

お客様から信頼を得るために経営者がすべきこと

工務店や我々のような塗装会社の場合、最初は社長自ら現場に立ち、施工して管理して、という形態でも、地域ナンバーワンの規模となると、社長がすべての現場に行くことは難しくなります。

社員が働きやすく、営業しやすくするために、現場の仕事以外のことを頑張らねばならないからです。

私も、一人で施工していた時は代表兼職人ですので、「私が現場に行って、私が塗ります」で信用していただきましたが、現在それをやってしまうと**「あの会社、職人が見つからないのかな」「人が足りないのかな」**と思われてしまいます。

経営者が表に出れば出るほど、規模の小さい会社と思われるフェーズに入っていくのです。

現在は、私がやっていたことを新入社員がやってくれています。ベテラン社員ではなく、入ったばかりの新入社員です。

新入社員は、仕事が始まれば現場に行ってお客様と職人に挨拶して、気になることがないかを確認します。すべての情報を私に報告し、私が新人にフィードバックします。これをお客様と職人に共有します。私の代わりにコミュニケーションしてくれているのです。

チラシのポスティングも新入社員がしてくれます。ただポスティングするのではなく、その地域の顧客に**「なぜ石井建装を選んでくれたのか」「何が決め手になったのか」**などをインタビューして、見込み客には「何が不安なのか」「どこを迷っているのか」を会話の中で見つけていきます。

これもすべて、私に報告されるので、私がフィードバックして、新人がお客様に回答として持って行きます。

新入社員は、お客様の声を通して業界や会社の課題を知り、マーケットを知り、現場を知っていきます。

そしてお客様は、新入社員を通して経営者である私を見ています。**新入社員の行動は、経営者である私の教育の結果**です。

新入社員がその地域に馴染み、お客様の満足度を高めようとする行動は、社長である私が現場に入っていることと同じです。

人材育成と教育を新入社員の姿を通して見せることで、お客様から信頼を得ているのです。

経営者が出て行って威厳を放たなくても、お客様は知っています。

社員の行動は、鏡に映された社長の姿なのです。

地域No.1ルール

ナンバーワンになったら社長が動くのではなく、社長が居なくても動ける社員を育てよう。

第７章

社員が
成長するための
リーダーの
条件とは？

WBCでヌートバーは自分の仕事をやり遂げた

侍ジャパンが優勝を飾った2023年のWBC。

キラ星のごとく並んだ選手たちの活躍を楽しむことができましたが、特に印象に残っているのが、セントルイス・カージナルスのラーズ・ヌートバー選手です。

両手を上下に重ねてこすり合わせる「ペッパーミルパフォーマンス」が注目され、調理器具専門店が集まっている東京・合羽橋ではペッパーミルの売れ行きが急増したことも話題となりました。

このようなパフォーマンスや素晴らしい試合内容が侍ジャパンを盛り上げたのは間違いありませんが、私が何よりも素晴らしいと思ったのは、栗山英樹監督のチームづくりの手腕です。私は、**社長として15人の社員を束ねる立場**にいるので、ひとつのチームをまとめることの難しさはよくわかっています。

特に侍ジャパンは、メジャーリーグや日本のプロ野球で並はずれた活躍をしている選手の集まりです。

このメンバーを率いていくのは苦労が多いだろうと思っていたところ、たまたまテレビを見ていたときに、栗山監督のチームづくりの方法が話に上っていました。

それによると、栗山監督は、

1．共通目標を設定する

2．選手一人ひとりが各自の役割を自覚する

3．チームメイトの立場を尊重する

という3つの約束事を決め、チーム内で徹底したそうです。

侍ジャパンで言えば、

・チーム全体で「WBC優勝」という目標を強く意識する。

・その目標達成のために「自分は何をするべきなのか」一人ひとりの選手が役割を自覚する。

例えばヌートバー選手であれば、1番バッターとして出塁して後につなぐことです。

・それぞれの選手の置かれている立場を尊重する。

ダルビッシュ有投手や大谷翔平選手のようにチームの精神的支柱になる選手がいれば、試合には出なくても縁の下の力持ちとしてチームをサポートする選手もいます。**誰もが欠くことのできない存在**なのです。これは、まさに会社の経営と同じであり、私の会社でもこの考え方を応用しています。

・社員全員で「茨城県で№1の外壁塗装業者のポジションを守り、事業をさらに拡大していく」という目標を持つこと。
・職人、営業、事務と、社員がそれぞれの役割を自覚して仕事に取り組む。
・社員が職種を超えて互いをリスペクトする。

これは一見、当たり前のことのように思えますが、そう簡単なことではありません。会社というのは、多くの人の集まりです。どうしても自分の領域を超えてやり過ぎてしまったり、あるいは誰かがやるだろうと思って手をつけない部分が出てきます。またメンタル面でも、思うようにいかないことが続くと、「自分は本当に必要なのだろうか?」と不安にかられる社員も出てくるかもしれません。

そのような場合でも、栗山監督の3つの約束事に立ち戻ることで問題は解決に向かうはずです。

栗山監督のすごいところは、**「当たり前のことを徹底してやる」**ことです。その結果が、WBC優勝という栄光になったのです。

実は「ペッパーミルパフォーマンス」は単なるパフォーマンスではなく、**「小さなことから継続していけばよいことがある」**という意味が込められているそうです。

小さなこと、基本的なことをコツコツと続けることが、大きな成果につながる。

そのことを侍ジャパンは教えてくれました。

地域No.1ルール

一人ひとりが全力を発揮すれば、どんな困難も乗り越えられる。

1パーセントの成長を積み重ねることでパフォーマンスは最大になる。

タイミングよく報告するだけでも褒める価値はある

「やってみせ、言って聞かせて、させてみて、褒めてやらねば、人は動かじ」

太平洋戦争時の連合艦隊司令長官・山本五十六の言葉です。

「仕事は見て覚えろ」と放っておくだけでは人は育ちません。具体的に指導し、きちんとできたら褒めて自信をつけさせる。放っておいて育つのを待つよりもずっと、効率よく、能力の高い人材へと成長させることができるのです。

私はコミュニケーションツールを使って社員たちに働きや貢献を申告してもらい、どんなに小さなことでも**「褒める」システム**をつくりました。

・開店前に店の前の掃除をしたら「えらい」。
・営業スタッフのための書類を用意したら「えらい」。
・ポスティングチラシの案を出したら「えらい」。

・近隣地区に行っているスタッフに見込み客の報告をしたら「えらい」。

会社に貢献したら、成長するために頑張ったら、成長しようと頑張っている人を応援したら、なんでも褒めるのです。褒めるための材料を把握するために、報告させているところもあります。

褒めることで自信がつきます。自分がやっていることは役に立っていると実感できるからです。**成功体験を重ねることで、新しいことにもチャレンジできます。**成長が早く、自分から能動的に動こうという意識が働きます。

ところが、褒めてばかりでは「慣れ」が出てしまうことも事実。ある一定のところまで成長したら、手放しで褒めるばかりではなく、課題を与える必要が出てきます。

育児でも、赤ちゃんのころは元気よく泣いているだけでも褒められていたのに、大きくなると怒られることも増えます。「どうして怒られたのか考えてみよう」。なぜ失敗したのか、どうしてうまくいかなかったのかを考えることで、子どもは成長します。

人材教育も同じです。「もうそろそろ、このくらいの目標を立ててみよう」と課題を与えていかなければ、人はそこで満足して成長が止まってしまいます。

褒める報告をさせているのは、私が彼らの秘めた能力を把握するため。**「君だったら、ここで満足している人材じゃないよね？」**と、成長に向けて舵を切るタイミングだと感じたら、対応を変えて背中を押してやるのです。

次のフェーズに立つためには「自分は今、何をしなければならないのか」を考えて、実行に移さなければなりません。しかしこの挑戦は、褒めて成長したという事実があってこそ、一歩進む勇気となります。

山本五十六の言葉には続きがあります。

「話し合い、耳を傾け、承認し、任せてやらねば、人は育たず
やっている、姿を感謝で、見守って、信頼せねば、人は実らず」

社長が次にすべきことは、褒めて育てたスタッフを信用すること。

そして、努力しているスタッフに、今度は感謝の意を示すことです。

地域No.1ルール

褒めて動かし、信頼して任せる。相手を認めるからこそ、人材育成は実を結ぶ。

得意なことをするから仕事が楽しくなり結果が出る

褒めて育てる方法と比較されるのが「叱る」です。叱る場面は、やはりどうしても出て来ます。もしかすると「言って聞かせて」の部分が、人によっては「叱られた」と思う場合もあるかもしれません。しかし、叱ってばかりいて「叱らねば人は育たない」と考えているのなら、それは危険です。

叱ってばかりになっているのは、どこかにシステムの欠陥があるからです。叱らねばならないなら、叱らずに済むシステムを考えた方が建設的ですし、社内の雰囲気もよくなります。叱っている声も度が過ぎれば「環境型パワハラ」です。ストレスのない環境をつくるのは、社長の務めです。

私は、「得意分野の仕事を任せる」ために、**キャリアの自己申告制を採用**しています。

4章で「ポイント制」を用いた能力の可視化を挙げましたが、これは得意分野を本人はもちろん、私や他のスタッフの理解促進にも効果を発揮します。得意分野と苦手な仕事がわかれば、指示の仕方も変わりますし、マニュアルに詳しく手順を書いて、落ちがないように促すこともできます。

得意分野がわかれば、「この仕事はあの人を中心に進めよう」「チラシのデザインやキャッチコピーのアイデアを出してもらおう」といったことを頼めます。得意分野ですから、**楽しく仕事ができる上に評価も高まります。**

成功体験を重ねることができるので、挑戦するきっかけにもなります。

何より、得意分野を任せることで仕事は円滑に進み、よりよい結果を出すことが可能です。スタッフも社長も、余計な心配をしなくても済み、怒る必要もないのでお互いにストレスフリーです。

得意分野の部署にキャリアアップの申告ができれば、社員のやる気につながります。結果は数字となり返ってきます。

いいことずくめではありませんか？

社員の能力を活かすも殺すも、経営者の手腕ひとつです。

ナンバーワンの会社は、スタッフ全員が能力を遺憾なく発揮できる環境を備えているのです。

地域No.1ルール

それぞれの得意分野を持ち寄れば敵なし。

能力を発揮できる環境とシステムをつくるのは経営者の務め。

リーダーは「方法」ではなく目指す「結果」を教える

スタッフから見て、私は面倒見がよい人間だとは思われていないかもしれません。私ほどスタッフと会社の幸せを考えている人間はいないとは思うのですが、スタッフからしてみると、「手取り足取り」とはほど遠い社長として映っているはずです。というのも、私はすべてを教えることはありません。決まりきったことはすべてマニュアルに記載していますし、社内ＳＮＳでスタッフの様子は把握しています。聞かれて、答える必要があれば答えますが、自分が答えを提示すべきではないと思えば、たとえスタッフが困っていても、**ヒントは伝えますが答えが出て来るのを待つ**というスタンスなのです。

そもそも、よいリーダーの定義とはなんでしょう？

・具体的なアドバイスをくれる。

・わかるまで教えてくれる。
・一緒に業務に取り組んでくれる。
・相談に乗ってくれる。

こんなところでしょうか。

しかし、リーダーが部下に右のようなことを求められ、すべて叶えた場合、その部下は成長できるでしょうか。

答えは「否」です。


褒めてばかりでは人は成長しないのと同じで、**いつまでも手取り足取りでもやはり成長できない**のです。

例えば、具体的なアドバイスをして、その通りにやってみたけれども失敗したとしましょう。すると、スタッフは「社長の言う通りにやったのに失敗した」と、責任を転嫁するかもしれません。

これに慣れて来ると、「失敗しても自分の責任ではない」と考えるようになります。成長どころか、退化してしまうのです。

仕事の上での成長に必要なのは、自分ができていないことに気付き、できるためには何をすべきなのかを考え、その考えを実行に移すというステップです。

リーダーがいつまでも横についていてアドバイスをしたり相談を受けていては、スタッフの成長を妨げてしまいます。

自分で考えて実行し、リーダーと結果を約束し、それが達成できてお客様の満足につながれば、次のステップへのモチベーションとなります。

リーダーは、ある程度の基本的事項を教えたら、あとは**成長を待つというスキル**が必要です。待てずに手を出してしまえば、結果その人は育たず、仕事の達成感を得ることなく辞めていくでしょう。

私の会社のスタッフは、私の面倒見がよくないので、自分で考えてガンガン突っ込んでいける人材だけが残っています。

指示待ち人間は、やはりもたずに辞めていきますが、それはそれでいいと思います。決められた仕事をきっちりこなすのも能力です。他の業種や企業で活かせるはずです。

部下を育てるリーダーは、ある程度になったら**「方法」を教えるのではなく、目指**

すべき「結果」を教えます。結果のために何をすべきなのかを考えさせるのです。

そして、結果を出した暁には、思い切り褒めて感謝します。

部下の成長と巣立ちのタイミングを見極め、時に伴走し、時に先に立ち、信頼して待つ。これが理想のリーダーです。

経営者はせっかちな人が多いので、自分がやった方が早いと、つい手を出してしまわないように気を付けましょう。

良いリーダーはやり方を教えるのではなく、目標を提示しよう。達成感がさらなる成長へのモチベーションとなる。

「地元を好きになる」から始める社員教育が大切

社長だけでなく、社員全員が地域に好かれていなくては地域1番店にはなれません。地域1番店は、お客様満足度ナンバーワンを目指しています。お客様に接するスタッフの好感度が高くなければ、満足度はそこでマイナスになってしまうのです。

私は社員に**「楽しむ」「思いやる」「喜ばせる」**という3つを指針として行動するようにと言っています。

目の前の仕事を楽しむ。相手を思いやる。目の前の人を喜ばせる。

この行動指針に則って動いていれば、必ず自分にプラスになって返ってくるはずです。それが、会社の売り上げかもしれないし、自分の給料かもしれない。何より、お客様の笑顔と「ありがとう」の言葉かもしれない。

「この仕事を選んでよかった」。そう思える瞬間にいくつも出合えるはずです。

今時の若い人は「一生懸命」をどこか引いて見る傾向があります。頑張って悩んで遠回りしてという行動は、効率が悪くて「生産性がない」というところでしょう。

でも、人はやっぱり一生懸命な人に惹かれるものです。それが、自分や自分の地元の幸せのために頑張っている人なら、応援したいという気持ちになります。

頑張っている姿を、地元の人たちは思いのほか見ているものです。

地元に好かれるための社員教育に、特別な方法はありません。

強いて言うのなら、**「地元を好きになる」**でしょう。

地元で買い物をして地元のイベントに参加して、一緒に楽しみ、幸せを循環させる。好いてくれる人を、人は好きになります。お客様の幸せに真剣に向き合うこと。地元を丸ごと愛すること。私の会社のスタッフは、きっとわかっているはずです。常に地元愛であふれまくっている社長の姿を、見ているのですから。

地域No.1ルール

地元に好かれる会社になるのなら、地元を世界一愛する企業であれ。

やるべきことはタスクとして「見える化」する

私は、私が会社に出社しなくてもスタッフが自分で考えて仕事と会社が回るように、システムを考えています。

社員教育も、ある程度のことを教えたら、あとは自分たちで教え合って動いてもらいます。わからないことや、改善点は4章で事例を挙げた社内SNSで共有します。

ルーティン化できる仕事は、細かくタスク化して可視化し、漏れがないようにしています。見える化することで、新入社員でも入社したばかりのパートさんでも、3日も経てば失敗することなく業務を遂行できます。

余計なことで怒る必要もないですし、スタッフもわざわざ誰かの業務を止めて質問することもありません。

また、**タスク化することで、改善点が見えやすくなります。**

例えば、診断から見積もり発行、契約までの流れをタスク化した場合、40項目ほどになります。契約後から着工、検査に至るまでは約80項目です。どこのタイミングで見積書を作成してプリントアウトして営業スタッフのデスクに揃えるのか、施工のどの時期に何の書類を出して判子をもらうのか、細かく書いています。

その表を見ながら情報を共有してスタッフ全員が動くので、営業は自分の仕事に専念できます。事務スタッフは的確なタイミングで書類を用意できるので、余計な動きがなく、効率的な遂行が可能です。

見積書や提案書のテンプレートは、社内Wikiに揃えています。

私が使用しているのはNotionです。これなら外出先でもスマホから確認できます。

テンプレートだけではなく、マニュアルも完備しています。可視化しているので全体の流れの把握も簡単。

このアプリさえあれば、**新入社員でも3日目には一人でできます。**

私も、必要だと思った事項をどんどん入力して更新します。

タスク化して社内業務を可視化すると、社員一人ひとりが「自分は何をすべきか」

を自分で考えて行動するようになります。

社長がいなくても、目を光らせていなくても会社が動くようになれば、社長はもっとスタッフが数字を取りやすくなるための仕事ができます。

デジタルツールは使いよう。便利なものをどんどん試してみてください。

地域No.1ルール

タスク化して見える化することで、スタッフも社長も負担を軽減できる。効率的に動いてさらなる売り上げ増を。

第8章

チャレンジしなければ1番にはなれない！

森山未來の誘いを断ってつかんだ自分の「未来」

突然ですが、ここから、私の過去と見えている先をお話ししましょう。

実は私、職人ではなく、俳優になるという道もあったんです。

17歳の時に、「劇団東俳」に入所しました。元々ドラマや映画が好きだったのですが、『木更津キャッツアイ』というドラマを見て、「こういう世界を見てみたい」と思ったのがきっかけです。

入所して半年間の研修を終えて、『最後の弁護人』というドラマのオーディションに合格して出演できることになりました。

そのとき、まだ売り出し前の森山未來さんが一緒でした。話してみたら同じ歳ということもあり、仲よくなりました。

未來さんの役は不良グループのリーダーで、私はその取り巻き「A」でした。撮影は2、3日くらいだったのですが、撮影後も遊びに出かけたり、劇団仲間のマンションの部屋で集まったり、電話しながら年越しを一緒に過ごすくらい、仲よくさせてもらいました。

劇団の活動は楽しかったです。アフラックのＣＭのオーディションを受けたり、金八先生のドラマに出演している俳優さんと仲よくなったり、楽屋で話していて、すごく話が合うなと思っていたら、実は有名な女優さんだったり……。

芸能という独特の世界を、楽しんでいました。

19歳か20歳のころだったでしょうか。

森山さんに言われました。

「こっちの事務所に来ない？　本腰いれてやってみようよ。君ならいけるよ」

私にはプロでＤＪ活動をしている弟がいます。彼は、音楽でプロとして生計を立てています。

森山さんも、ストイックに芝居に打ち込んでいて、私よりもずっと大人びていました。そして、劇団や撮影の現場で出会ってきた人たちはみんな、いつか売れるその日を信じて、アルバイトをしながら、同期が売れていくのと自分を比較して落ち込みながら、それでも真剣に芝居に向き合って、芸能の世界で生きていくと決めています。

俳優として生きる自分と向き合えているのです。

自分はどうだろう。

食べていけないかもしれない、一生の仕事にできないかもしれない。

それでも、芸能の世界で生きるという覚悟があるのか。

俳優としての未来、職人としての将来。どちらがリアルな人生となるだろうか。

そう考えたとき、私には芸能の世界ではなく、**ペンキ屋の職人がリアルな未来**だったのです。

こんな思いで、真剣に取り組んでいる仲間といてはいけない。結局私は、森山さんの誘いをお断りしました。自分はペンキ屋で生きようと思っている。そう伝えました。

その後、森山さんは『ウォーターボーイズ』『世界の中心で、愛をさけぶ』で日本を代表する俳優さんになりました。

その姿を見て、私があのとき、お誘いを断ったのは正解だったと思っています。

森山さんの、真剣に芝居に取り組む姿も、演技にかける情熱も見てきたからこそ、私の未来は芸能の世界ではなかったと思えるのです。

私はその後、塗装業で独立し、地域1番店を目指します。**お客様の悩みを引き出す会話術は、芝居の経験が活きている**と感じることもあります。

話題づくりにも事欠きません。イベントの企画も、話題性が出て売れるアイデアを出すことができます。結婚式の司会を請け負って、そこで新たな人脈を広げることもできました。

私は彼らと別れ、違う道を生きてきました。

それでも、あのとき、自分の将来に向かって真剣に、命を懸けて取り組む人たちと共にいられたという経験は唯一無二であり、今でも私の誇りです。

地域No.1ルール

人生の転機は自分を知るチャンス。
真剣に取り組めるものは何か考えて選択しよう。

チャレンジすることで新しい世界が見えてきた

若いころから好奇心は旺盛でした。芝居をやめてからもいろんなことを試しました。なかでも、パワーリフティングとムエタイの挑戦は、今の私の基礎をつくっていると思います。

パワーリフティングを始めたきっかけは、筋肉が欲しかったからです。

19歳のころはアメ車に乗っていたのですが、アメ車と自分の身体が合っていません。私の中で、アメ車に乗るのなら、タンクトップに筋肉ムキムキでなくてはならなかったのです。

ヒョロヒョロの男がアメ車に乗っていてもなめられるだけだと思い、ならば筋肉を付けようと始めました。

始めてから半年後に県大会に出場して、結果はなんと準優勝。

高校時代には部活で野球をやっていたのですが、そのときには自分の体重と同じくらいの60キロのバーベルを上げていました。

そのころからベンチプレスに関しては「お、すごいね！」と言われていたので、素質はあったのかもしれません。


塗料を持って屋根に上がるときも、軽々です（笑）。

26歳のときにはムエタイを始めました。そのころ、筋肉も増えていたのですが脂肪も増えていて、ダイエットが必要だと考えていたのです。また、20歳のころ、先輩にボクシングジムに連れて行ってもらったとき「いい体してるね！　才能ある。うちのジムに入ってよ」と誘われたことを思い出し、「もういっちょやったるか！」という気になった、ということもあります（笑）。


ムエタイにしたのは、最強の立ち技格闘技と言われていてカッコよかったからです。

完全に趣味が目的だったので、興味が持てるものにしたのです。

ところがここでも、一般人向けのメニューではなく、なぜかプロ向けのセットメニューを組まされ、プロの人たちと一緒にトレーニングすることになってしまいました。

毎朝5時に起きて7キロ走って、ジムについたら9キロ走ってアップして、縄跳び、ミット8ラウンド、スパーリング……。

そんなメニューをプロの人たちとやって1年後、初試合で相手をリングの外に吹っ飛ばして、勝ちました。

トレーナーから「プロでやろうよ！」と誘われましたが、「プロにはなりません」とお断りして、塗装のプロを続けています。

パワーリフティングもムエタイも、試合に出場して真剣に相手と勝負した経験は、**塗装業にも地域のボランティア活動にも活きています。**

何かに取り組んで結果を出せる人は、ジャンルが違うことをしても、やはり結果を出します。大谷翔平選手は、きっと野球以外のスポーツでもすごい結果を出すでしょう。目標設定して達成するまでの努力とセオリーは、どこに行っても何をやっても同じなのです。

私もこれまでさまざまなことにチャレンジして、本質を見抜き、目標達成するために何をすればよいのか、組み立てる力をつけることができました。

何もせずにいたら、きっと今の私はないでしょう。

真剣に向き合った相手と同じ舞台に立ち、真正面からぶつかった経験があるから、ビジネスにもぶつかっていけます。

私にとって、趣味も仕事も同じくらいに全力で打ち込むべきものです。

何事も本気で挑んだからこそ、見えて来る世界があります。

真剣にやった人にしか見えない景色があるのです。

地域No.1ルール

仕事も趣味もボランティアも、やるのならとことん真剣にぶつかるべし!

「人々の暮らしを守っている」という誇りを持って働く

塗装業は「底辺職」なんて言われることもあります。

しかし私は、この仕事ほどお客様の生活と命を守り、人生を見守っている仕事はないと思っています。

だから、施工を終えてお客様から「ありがとう」という言葉を聞くと、本当にうれしいですし、この仕事をやっていてよかったと、そのたびに思います。

塗装は家を守るために必須のメンテナンスです。外壁に色を塗る作業と思われがちですが、美観的要素だけではありません。

塗装には、雨風や紫外線から、外壁や屋根を守る役割があります。塗装後にできる塗料の膜が水から家を守るのです。

家は、20年、30年経つと塗装が剥がれ始め、防水の役割ができなくなります。すると、壁のヒビから水が入り込み、家の内部を浸食します。

雨漏りが始まったころには、内部は相当傷んでいることが多く、場合によっては建て替えをしなくてはならないこともあります。

定期的に点検して塗装で家をメンテナンスすることで、家は驚くほど長持ちします。塗装は、その家の家族の暮らしを守るためにあるのです。

しかし日本は、経済成長のころから消費が豊かさの象徴とする風潮があります。家に関しても、メンテナンスして長く住むよりは、古くなったら建て替えを選ぶ人が多かったのも事実です。このため、塗り替えがメンテナンスという意識が定着しないまま、今日に至っていると感じます。

症状が出てから相談というパターンが多く、もっと早く来ていただけたなら、ここまでお金がかかることもなかったのに、と思うこともしばしばです。

我々は、**人の暮らしを守っているという誇り**があります。家族と財産を生涯守るために、我々は働いています。

塗装が家を守る。この使命を忘れずに、消費者にも塗装の正しい知識を伝えていかなければなりません。

地域No.1ルール

すべての仕事は地域の家族と財産を守るためにある。誇りを持ってプロとして消費者と向き合おう。

創業15年、累計施工実績1,000棟以上。
「石井建装」は、地域の人々から信頼を勝ち取った。

世代をつなぐ「家」を守るナンバーワンの責任

「家」には家族の思い出と歴史が刻まれています。

その思い出が詰まった家を次世代につないでいく。これからの時代に必要な考え方だと私は思っています。家族は社会の一番小さな単位ですが、家族の歴史は地域の歴史の根幹となるものです。

その歴史が築かれてきた家を、財産として子どもに残す。塗装などのメンテナンスを行うことで家は長持ちし、親から子へ、子からまた子へ継承されます。

我々の仕事は、地域の歴史をつないでいく、その一端を担っているのです。

地域ナンバーワン企業の社長には、地域に住む家族が続く限り、自分の会社を続けていく責任があります。

子ども世代が地域に戻り、そのまた子ども世代へつなぎ、彼らがまた戻って来る。

その土地に建てた家を、守り、メンテナンスして、リフォームして、やがて建て替えるときにも家の一部が使えるように。我々塗装業は、地域の家族と共に歴史を刻んでいくのです。

私が「感謝の手形」サービスを始めたのも、そんな思いがありました。

この先ずっと、同じ家で「感謝の手形」が増えていきますように。

そう願っています。

だからこそ、**社長は次世代を育てて、自分がいなくなっても理念を継承し、経営を続けられる強い会社をつくる必要があります。**

今の稼ぎ、金額などの数字だけを見ていては、どこかで歪みが出ます。

自分たちに伴走を任せてくれたお客様を幸せにするという思いがなくては、続けることはできないでしょう。

私が本書の中で、「ありがとう」のうれしさと重さ、相手への思いやりと愛をお伝えしてきたのは、その思いがなければ地域への責務を全うできないからです。

地域1番店を張る会社の経営者もみな、同じ考えなのではないでしょうか。

もちろん、しっかり稼ぐことは大前提です。

お金がなければ会社は存続できません。

しかし、目の前の数百万円の金額よりも、地域の中で回る経済、業界の発展と社会へのポジティブな影響を見据えて動くことで、よいアイデアが生まれ人が集まります。

その結果、会社と地域が継続するために必要な数字を、ちゃんと稼げるようになるのです。

地域No.1ルール

地域と地域に暮らす家族の将来を背負うナンバーワンの責任は重い。

しかし、その重さは「ありがとう」の喜びへと昇華する。

値引きさせたがるお客様が本当に求めていること

地域に貢献しよう。

そう思いながらお客様の悩みと真剣に向き合っていても、たまにくじけそうになることもあります。「値引き」です。値引き問題については何回か言及してきましたが、値引き交渉に苦しむ社長は多いと思うので、改めて、私の考えをお話ししましょう。

そもそもほとんどのお客様には、石井建装の塗装品質について理解していただき、見積もりも決して高くないと納得していただけます。

しかし中には、見積もりの金額だけを他社と比較して、どうしても安くならないのか、とクレームをつけてくるお客様もいます。

私からしてみると、なぜここまで説明しても値段を下げようと考えることができるのか、と不思議ではあるのですが、「懐を痛める」「自腹を切る」という言葉もあるので、1円でも多く出したくないという気持ちはわからないでもありません。

とはいえ、無理な値引きに応じていては地域の市場を荒らしてしまいます。**ナンバーワンが値引きしては、他の会社が商売できなくなってしまう**のです。

もちろん、安易な値引きに応じるつもりは毛頭ないのですが、我々には地域ナンバーワンとしての責任があります。自分の会社、そしてひいては地域の仲間たちを守るためにも、値引き交渉に乗るわけにはいきません。

なぜこうなるのかと言えば、我々塗装業が、塗装の役割を消費者に正しく伝えてこなかった結果なのでしょう。現在はセミナーや相談会などで塗装のお話をしていますが、伝えたいところになかなか伝わらないというのが、世の習いです。

値引きを求めるお客様が本当に求めているのは何か。

それは、**「金額に見合ったメリットが得られるのか」**です。誰だって損をしたくありません。高いお金を払うからには、お値段以上が欲しいのです。

なぜこの金額なのか。今、この金額で塗装しなければ家に何が起こる危険性があるのか。結果的に塗装以上のお金がかかるであろうこと。これらをまとめたシートを使って説明すると、大抵のお客様は納得して契約へと進みます。不安が払拭されたことで安心するのでしょう。

的確な方法で塗装することで、将来かかるお金が浮くのですから、当社にとって将来の稼ぎはなくなりますが、お客様にとっては大きなメリットなのです。

それでも値引きを要求する方はいらっしゃいます。

すでに、「値引きが目的」となっていて、値引きすれば施工日数を減らさざるを得ないことや塗料のレベルダウン、耐久性の低下による将来かかる負担などのデメリットは、見えていないのでしょう。

そういったお客様は、安くしてくれる会社に行ってもらうようにお願いしています。

しかし、値引き交渉があるたびに、正しい知識の普及の難しさを感じてしまうのです。

地域No.1ルール

**値引き客の目的は値引きでそれ以上でもそれ以下でもない。
諦めて次の有力なお客様に情熱を注ごう。**

会社と社員のためには時間とお金を惜しまない

人材不足と言われている昨今ですが、働きたい人はたくさんいます。これはつまり、社長や会社が欲しいと思う人材が見つからないということではないでしょうか。本当は、「仕事ができて会社のために働いてくれる社員」が欲しいのです。

ただ、これを言ってしまうと、大炎上してしまうことが確実なので、誰もが黙っています。

一方、求職者側の最近の風潮は**「会社のために生きていたくない」「会社とプライベートはきっぱり分ける」「給料以上の労働はしない」**です。

確かに、ワークライフバランスは大切です。私も会社のために社員に犠牲になってほしいとは、全く思いません。

ただ、経営者と就労者の考えがズレたままでは、人材不足は解決しません。経営者も時代に応じて考え方を変える必要があるのです。

私は自分自身が**「仕事は楽しく」を基本**としているので、社員にもそうあってほしいと思っています。

家族を相手にした仕事ですから、自分の家族を大切にすることは大前提です。効率的に仕事を進めて早く帰宅して、子どものイベントがあるときは心おきなく休んでほしいと伝えています。


スタッフが楽しく、能力を発揮できる環境をつくるためなら、そこにお金をかけます。そのために私自身が勉強しなければならないのなら、お金をかけて学びにいきます。スタッフが営業しやすく数字を上げられるのならショールームもつくりますし、デジタルサイネージも立てます。野立て看板も目立つところに立てますし、芸能人を起用した広告を作成します。

北欧家具を製造販売するＩＫＥＡでは、「Be yourself（自分らしくいること）」を大切にしており、すべてのコワーカー（スタッフ）にとって最高の環境をつくると約束しています。

そのため、さまざまな働き方や、多くの学ぶ機会を用意しています。チャレンジしたい部署への異動を自分で申請することができ、そのために必要な勉強や研修に自由に参加することが可能です。

ＩＫＥＡは派手な広告を打つことはありません。過剰な包装もありません。そこにかかるお金を、スタッフと会社の未来に投資しているのです。

楽しく働けて、結果を出したあとの達成感を知ると、**スタッフの離職率はグッと下がります。**働きに応じた給与も大切なモチベーションです。

会社の利益を生む社員が欲しかったら、そんな社員が働きたくなる職場環境に投資することです。

笑顔で働いているスタッフがいる会社には、よいお客様が集まります。会社の評判が上がり、信頼性も向上します。正しい投資は売り上げとなり、必ず帰ってくるのです。

地域No.1ルール

職場環境や人材育成への投資は、地域における企業価値の向上につながる。

世界をワクワクで塗り替えよう！

私の会社のビジョンは「世界をワクワクで塗り替えよう」。採用の際には、最初にこのビジョンの話をします。

どのような気持ちをもってお客様と向き合ってほしいのかを知ってもらうためです。

「世界をワクワクで塗り替えよう」には、一人ひとりが主人公となって目の前のお客様とお客様の大切な家に真剣に向き合い、塗装で生まれ変わる未来にお客様と一緒にワクワクして、そのワクワクで世界を塗り替えていこうという思いが含まれています。

特に「真剣」がキーワードです。**「ワクワク」は「真剣」**があって初めて湧き出て来る感情だからです。

「ワクワク」は、なんとなくポジティブで元気がいいため、概して便利な言葉として使われます。

「ワクワクしようぜ！」と若い世代を採用しようとする会社がありますが、私に言わせると、それは「ワクワク詐欺」です。

「ワクワク」は押し付けられるものではありません。「しようぜ」と言われたところで、何もワクワクしません。


なぜかというと、伝えている会社や経営者自身がワクワクしていないからです。これでは、いったい何にワクワクしなければならないのかわかりません。


私がいう「ワクワク」は、もっとヒリついて高揚するものです。

リングの上で相手と対峙《たいじ》した時に感じる鼓動。

絶体絶命の状態で見つけた千載一遇のチャンス。

行き詰まった果てにひらめいたたったひとつの法則。


『ドラゴンボール』の悟空が強い敵を前にした時の台詞「オラ、ワクワクすっぞ！」。

これこそ、私と私の会社のスタッフたちが知る「ワクワク」です。

このワクワクは、真剣に向き合った時に初めて生まれます。

塗装によって変わる、その家族と家の未来にワクワクします。

自分がワクワクすれば、そのワクワクは相手に伝わります。

そうして「ワクワク」が連鎖し、地域全体に「ありがとう」が伝播し、「ワクワク」と「ありがとう」の源泉を見つけて、人が人を連れて来るでしょう。

世界をワクワクで塗り替えよう。

さあ、ナンバーワンへ真剣勝負の始まりです。

「ワクワク」と「ありがとう」の化学反応が世界を変える!

おわりに

私は本書で、一貫して「お客様第一」を伝えてきました。

手抜き工事の要因となる値引きをせずにお客様と業界を守る。

市場の活性化と業界の発展に寄与する仕事をする。

何よりも、お客様とその家族が笑顔になる施工をする。

私が独立したときに決めたこの思いをブレることなく貫いてきたことで、たくさんのお客様から「ありがとう」をいただきました。お客様からの「ありがとう」が、私の会社を地域1番店にしてくれたのです。


しかし、ナンバーワンはゴールではありません。通過点です。

地域のお客様に貢献して、より業界と地域経済を活性化させるためには、まだまだやらねばならないことがたくさんあります。

おわりに

私は今、近隣エリアへの出店や業務の拡大を目指し、準備を進めています。それは、「もっと多くの地域と業界に貢献したい」という思いがあるからなのです。

泣く子も黙る世界の大企業、トヨタの当時の豊田章男社長が、2017年の幹部社員を対象に実施した「グローバル会社方針」の説明会で、次のような話をしました。

自分たちが住む町で、一番愛され、信頼される会社になる。
町の人々を笑顔にするために仕事をする。
常に感謝の気持ちを持って、お客様のためを思い行動する。
この繰り返しが信頼を生み、会社と地域の成長と発展となり「町いちばんの会社」になる。

日本一を超えた世界のトヨタが目指しているのは、実は「町いちばんの会社」だというのです。

事業を通して、町に住む人や家族に感謝され、その感謝へサービスと雇用や税金で恩返しする——。

私がこれから、事業規模を広げていきたいと考えているのも同じ理由です。

この本を読んでいただいた皆さんは、もう気付いているかもしれません。

本当のスタートは、地域1番店になってからです。本当に大変なのは、むしろこれからです。

しかし、ナンバーワンになってからの方が、仕事は断然楽しくなります。

お客様が増えるほどにアイデアがどんどん生まれ、地域外からのお客様からもお声がけいただきます。

優秀なスタッフが入社して、さらに優秀に育っていきます。

地域での役割が増えて、人脈はどんどん広がります。

切磋琢磨しながら共闘もできる、よきライバルが増えていきます。

これらはすべて、ナンバーワンになれたからこそ得られた恩恵です。

この感謝を地域に還元するために、我々はナンバーワンであり続けたい。

そして、より多くの地域と町、そこに住む家族を豊かにしていきたい。

それが私の願いです。

「世界をワクワクで塗り替えよう」

地域のナンバーワンになったからこそ目指せるその先に向かって、本書を最後まで読んでくださった皆さんと一緒に進んで行けることを、心から楽しみにしています。

２０２４年2月　石井満久

石井満久（いしい みつひさ）

株式会社石井建装 代表取締役。1984年12月1日、神奈川県横浜市生まれ。16歳のとき、塗装職人の7歳上の兄が楽しそうに仕事をしている姿と、塗装によってきれいになっていく家を見て、塗装に関心を持つ。兄にアルバイトに誘われたのをきっかけに、そのまま塗装の世界に入り、21歳で独立。29歳のときに『株式会社石井建装』として法人化。「品質を犠牲にする無理な値引きはしない」「作業の様子を逐一施主に報告する」など、「正直な仕事」を徹底することで高く評価され、アステック社の塗料を利用している塗装会社（＊）のうち、茨城県内の施工実績で、5年連続で1位を獲得。塗装職人の専門資格として「一級塗装技能士」（国家資格）、「外装劣化診断士」（一般財団法人 塗装品質機構の認定）を保有。その技術は折り紙つきである。

（＊）アステックペイント代理店（2022年12月時点で全国2600店舗）

石井建装ホームページ　https://ishiikensou.com/
スタッフブログ　https://ishiikensou.com/blog/
定期点検ブログ　https://ishiikensou.com/blog2/

最強の地域No.1店のつくり方

発行日　2024年3月7日　第1刷発行

著　者　石井満久
発行者　清田名人
発行所　株式会社内外出版社
〒110-8578 東京都台東区東上野2-1-11
電話 03-5830-0368（企画販売局）　電話 03-5830-0237（編集部）
https://www.naigai-p.co.jp
印刷・製本　中央精版印刷株式会社

©Mitsuhisa Ishii 2024 Printed in Japan　ISBN 978-4-86257-693-4　C0034

本書を無断で複写複製（電子化を含む）することは、著作権法上の例外を除き、禁じられています。また本書を代行業者等の第三者に依頼してスキャンやデジタル化することは、たとえ個人や家庭内の利用であっても一切認められていません。

落丁・乱丁本は、送料小社負担にて、お取り替えいたします。